この絵本読んだら

子どもが喜ぶ絵本の読みがたり

企画◎編集――この本だいすきの会／小松崎 進・大西紀子

高文研

◉――もくじ

II

読みがたり実践記録――いつもみんな、絵本といっしょ

Ⅲ　ブックリスト＝この絵本、だいすき！

装丁＝商業デザインセンター・松田礼一

✣——はじめに

「この本だいすきの会」は、一九八二年三月、二八名で発足した、子どもの本の「読みがたり」の会です。

この間、読みがたりについての、実に多くの実践を積み重ねてきましたが、その中心課題は、詩、絵本、物語、科学読み物のおもしろさをどう子どもに伝えるか、その方法と意味を、実践を通して考え合うことでした。

そのためには、取り上げた作品のもっている魅力、あるいはいのちといってもよい「おもしろさとは何か」という深い読みが必要であることはいうまでもありません。なぜならそれは、読み手の作品選定と読みがたり方に大いにかかわってくるからです。そこで会では、作品研究と読みがたり研究を継続的に行ってきました。

そのうちの一つに、「絵本研究部」があります。この研究部は、それぞれの場で読みがたりを続けている保育者、教師、公民館・こども館・図書館員、家庭の主婦が精力的に勉強している部会です。

この研究部会でとりあげる課題は、

一、どんな絵本を読みがたったかと、その理由。いつ、どこで、どのように読みがたったか。

二、子どもの反応はどうであったか。

①絵に対する反応

②ことばに対する反応

③話に対する反応

④絵本からうまれ、発展した子どもの行為、行動

⑤他の絵本との関連

などでした。

長い間続けてきて、絵本に対する目が肥えてきたのは当然ですが、とくに書きとどめておきたいことは、次の点です。

まず、絵本の絵は、話の単なる補助としての挿絵ではないということ。

すぐれた絵本は、文章表現がなくても、絵がその世界を語ってくれます。絵があることによって、おもしろさが倍加されるのは当然ですが、それだけに絵のすみずみにまで目を向け、「絵の語ることば」に耳を傾ける必要があります。ですから、わたしたちは絵本選びの際、文章表現を読まずに、まず絵だけに目を向けるようになりました。

つぎに、絵本の絵は、連続しているということ。

このこともあたりまえの話ですが、絵本はページをめくって読んでいく楽しさがあります。一つひとつの絵は、額装された一枚の絵のように独立しているのではなく、流れて、次つぎ

とつながっていく絵です。ですから、その流れがどこかで切れていないかどうか、スムーズに流れているか、注意してページをめくるようになりました。

三点目は、絵に対する子どもの見方を大切にするということ。

ずいぶん気をつけて絵を見たつもりでも、子どもの鋭い目は、わたしたちにさまざまなことに気づかせ、教えてくれます。どのページにも黒猫や小犬がいることを指摘したり、背景としての商店街の店の看板に興味、関心をもったり、シリーズものでは前作品の脇役ともいうべき人物の再登場に歓声をあげたり……。

このような子どもの目を大事にするとともに、こんな目を持つように育てなければと気づかせてくれました。

その他、たくさんのことをわたしたちは学んできましたが、その一端の実践を本書で読んでいただきたいと思います。


なお、わたしたちは、「読みきかせ」という、一般に定着していることばをあえて使わずに、「読みがたり」ということばを使いはじめました。このことについては、『この本だいすき！』（小松崎進編著／高文研）でも述べていますが、再度書いてみたいと思います。

「読みきかせ」ということばには、どうも、おしきせがましい響きと内容があるように思えてならないのです。わたしにも経験がありますが、「読みきかせ」という行為の中には、上意下達とはいわないまでも、「読んでやるから静かに聞くんだよ」という思いがありはしないか。

そうではなくて、読み手が感得した作品のおもしろさを、読み手と聞き手がともに喜び合うように語ることが大事ではないか。その語りには、作品を通して、読み手の相手への思いが込められている、作品を子どもに読むというのは、実は、作品を通して、仲立ちにして、「おのれ」を語っていることではないか。だから、両者がつながるのではないかという思いがしてならないのです。

かつて祖父母、父母は、わが孫に、わが子に昔話を語ってきました。いろり端で、布団の中で、語り手と聞き手は、同じ高さの目と目で、話を通してお互いのこころをつなぎ、納得し、同感し、共鳴し合ってきました。それが「かたる」という行為でした。

いま、その「かたり」のこころを継承していきたいと、わたしたちは思っているのです。

ところで、『この絵本、読んだら』という書名について若干。わたしたち「この本だいすきの会」の会員が集まると、すぐ、「この本読んだらねえ、子どもったら……」とか、「そんな時、この本読んだら!?」とかのことばが出ます。ためこんだ思いをぱっとはき出すようにです。「この絵本、読んだら」、みんなの思いがこもったことばです。

小松崎　進

I　絵本の魅力をさぐる

なぜいま、絵本の「読みがたり」なのか

小松崎　進

※絵本は子どものことばを育てる

ちょっと昔の話です。

一〇人ほどの集まりの中に、七か月、八か月のお子さんを抱いたお母さんが三人いました。

絵本の話をしながら、ひょいと思ったのです。「この赤ちゃんたちに、絵本を読んでみよう」と。

早速、絵本を開きました。『もうねんね』（松谷みよ子　文　瀬川康男　絵／童心社）です。

ねむたいよう／おやすみなさい／ワン

『もうねんね』（童心社）

いぬも　ねんね／ひとりで　ねんね
ねむたいよう／おやすみなさい／ニャーン
ねこも　ねんね／まあるくなって　ねんね……

読み終わって、びっくりしました。赤ちゃんたち、三人とも眠ってしまったのです。赤ちゃんたちは、はじめは絵を見つめたり、わたしの口もとを見ていたのですが……。

お母さんがたは大笑いです。

ちょうど、赤ちゃんたちのおねむの時間だったのでしょう。「いぬも　ねんね　ひとりで　ねんね」「ねこも　ねんね　まあるくなって　ねんね」「めんどりも　ねんね　ひよこも　ねんね　おめめつぶって　くうくう　ねんね」……と、「ねんね　ねんね」とくり返されることばが、子守唄の代わりになり、眠気を誘ったのでしょう。

つぎも、少し昔の話です。

一年生の村越和子の弟は、四歳だったでしょうか。学校がすきで、おばあちゃんに連れられ毎日のように教室へ来て、小さな一年生になりました。この小さな一年生、『いたずらきかんしゃちゅうちゅう』（バートン　文・絵　むらおかはなこ　訳／福音館書店）の読みがたりを、教室の後ろで聞いていましたが、だんだん前へ出て来て、とうとういちばん前に陣どりました。

――重い客車や荷物を何台も引っぱって、小さな町の小さな駅と大きな町の大きな駅の間を走っていた、ぴかぴかの黒い機関車ちゅうちゅうは、ある日、何も引っぱらずに走り出します。

ちゅうちゅう　しゅっしゅっしゅっ！
ちゅうちゅう　しゅっしゅっしゅっしゅっしゅっ！

そして

ちゅうちゅう　しゅっしゅっ！
ちゅうちゅう　しゅっしゅっ！
ちゅうちゅう　しゅっしゅっ！
ちゅう　しゅっしゅっ！

と、踏み切りも信号も無視して突っ走ります。

大判の画面いっぱいに描かれた木版画と、スピード感いっぱいの話の展開に、子どもたちは夢中になります。

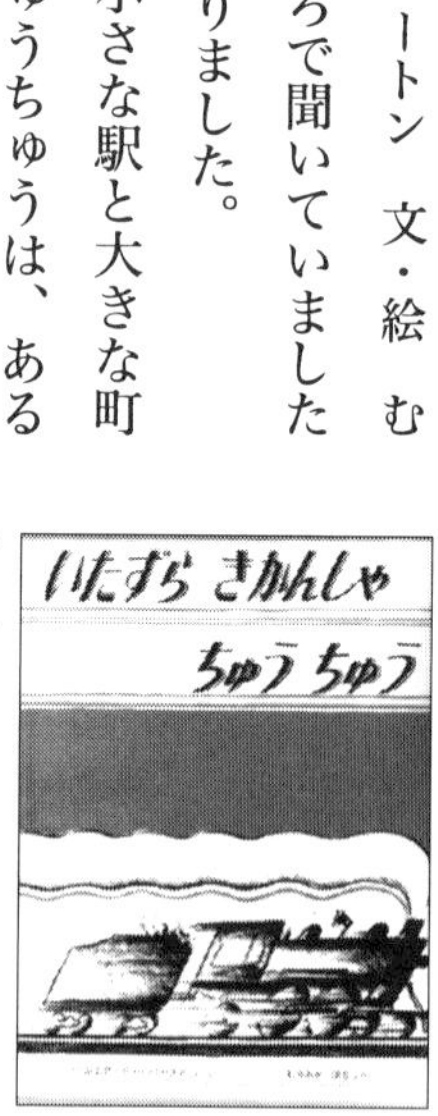

『いたずらきかんしゃちゅうちゅう』（福音館書店）

小さい一年生君、びっくりしたような眼で画面を見ていましたが、そのうちに「ちゅうちゅう　ちゅうちゅう　しゅっしゅっ」と口ずさみはじめました。そして読み終わるや、「本、本ちょうだい」と、わたしの手から本をとり、はじめからめくり始めました。

この本は、小さな一年生君の家まで行き、何日も帰ってきませんでした。

これは、ほんの少し昔の話です。

ある学校の障害児教室の先生から、声がかかりました。「うちの子どもたちに本を読んでほしい」と。困りました。障害児学級での経験がないのです。迷いに迷った末、やはり出かけることにしました。

もち時間は一五分。何冊もの中から『もこもこもこ』（たにかわしゅんたろう作　もとながさだまさ　絵／文研出版）を選んで出かけました。二〇数年前、詩人・谷川俊太郎の名と、奇抜ともいえる絵にひかれて購入した本です。

しーん／もこ／もこもこ　きょき／もこもこもこ　にょきにょき……

と続きます。

擬態語だけ（一つだけ擬音語があります）の世界です。本棚とわたしの手の間を何度も往復した本ですが、どう考えても、何を語っているのかわかりま

『もこもこもこ』（文研出版）

せん。

ところが、幼い子どもたちには大受けの本なのです。絵を凝視し、口を動かしはじめ、そのうちにことばをまねるのです。そして「もういっかい！」と指を立てるのです。

障害児学級へ持っていこうとしたのは、こんな実践がいくつもあったからでした。予想したとおり、この子どもたちも大喜びでした。要望に応えて二回読んだのですが、「もっと読んで」といいます。しかし、時間がありません。

さようならをして帰りかけると、小さい小さい女の子がそばに来て、わたしの肩を押すのです。腰掛けろというのです。そばにあった椅子に腰掛けますと、ぴたっと体をわたしの体につけ、ペロペロとわたしの頬をなめはじめたのです。

この本に出会った喜びを、ことばでどう表現したらよいかわからなかったのでしょう。ことばなどでは言い表わせないほどの喜びだったのでしょう。（なお、この絵本の実践が、高橋美代子によって報告されています。52ページから。）

幼い子どもたちにとって、心地よいことば、こころをうきたたせることば、こころにひびくことばほど大切なものはないと思います。赤ちゃんは、「母乳といっしょにことばを飲み込んで育つ」といわれますように、子守唄やわらべ歌をはじめとする、お母さんやまわりの人の優しいことばがけで育っていきます。

こうしたなかで絵本の読みがたりは、より重要な意味をもっています。というのは、一つには、絵本のわずかなことばの中に、たくさんのことばがかくされているからです。『もうねんね』や『もこもこもこ』などに対する子どもたちの反応をみればよくわかるように、この少ないことばがことばを呼び、イメージがさらにイメージを生んでいく、そして、それは子どもにとって大きな喜びであるのです。

二つめは、わたしたち大人の子どもへのことばがけは、ややもすると「〜〜しなさい」「〜〜してはいけません」というような、指示や禁止が多いということにかかわります。

このようなことばは、子どもの想像力を育てはしないでしょう。ところが絵本の文は、作家の豊かな感性と確かな認識・理論によって選びぬかれたことばで組み立てられ、表現されています。そのことばをあたたかく読みがたることによって、子どものことばは豊かになり、こころが育っていくのです。

❀絵本は子どもの想像力を育てる

また、少し昔の話です。

『ふしぎなたけのこ』（松野正子　作　瀬川康男　絵／福音館書店）を読みがたった時のことです。

——山奥の村の昔の話。

たろは、誕生日にたけのこを掘りに山の中に入ります。掘っているうちに暑くなったので、そばのたけのこに上着をかけると、たけのこはぐぐぐっと伸びはじめます。たろはあわてて上着を取ろうとしてたけのこに飛びつくと、たけのこはまた、ぐぐぐっと伸びる——

たけのこは伸びも伸び、雲を突き抜けてさらに伸びる。村人たちは、たけのこを切り倒そうとするのですが、ここまで読んでくると子どもたちが騒ぎはじめたのです。

「たいへんだよー、たろがいるのにー」

「切っちゃだめ！」

先を読まずとも、子どもたちはたけのこが切り倒されていく様子が、そのすさまじい光景が見えるのです。

伸びに伸びきったたけのこが切り倒されていく場面。見開き二ページ。たけのこのてっぺんにしがみついている、たろ。子どもたちは耳を押さえ、目をつ

『ふしぎなたけのこ』（福音館書店）

ぶり、体をゆすって、その恐ろしさに耐えています。たろになって、たけのこにしがみついているのです。

あるいは絵がなくても、倒れていくたけのこと、それにしがみついているたろは、見えるでしょう。倒れていく音も、たろの叫びも聞こえるかもしれません。しかしこの絵本の絵は、子どものイメージをはるかに越えて、子どもたちの恐怖心をあおり、子どもたちをたろにしてしまうのです。

『はなをくんくん』（クラウス　文　サイモント　絵　きじまはじめ　訳／福音館書店）の場合は、さらに絵のもっている力が子どものこころをとらえます。

――雪の森で冬眠しているのねずみ、熊、かたつむり、りす、やまねずみ……ふと目をさまして「はなをくんくん」、そして「みんなかけていく」――

みんな　はなを　くんくん。みんな　かけてく。みんな　ぴたり。みんな　とまった。

みんな　うっふっふっ、わらう、わらう、おどりだす。

動物たちの取り囲んだ中に何があったか。

鮮やかな黄色い花が一輪。

『はなをくんくん』（福音館書店）

真っ白い雪の中の動物たちは、墨一色です。そして最後の場面、一輪の花は黄。この絵がリズミカルな詩と一つになって、子どもたちを雪の森に連れ出し、動物たちと行動を共にさせるのです。

このようにすぐれた絵本は、絵とことばが最もいいかたちで結びつき、子どもたちの想像力をかきたてかきたて、イメージをさらに豊かなものにしていきます。

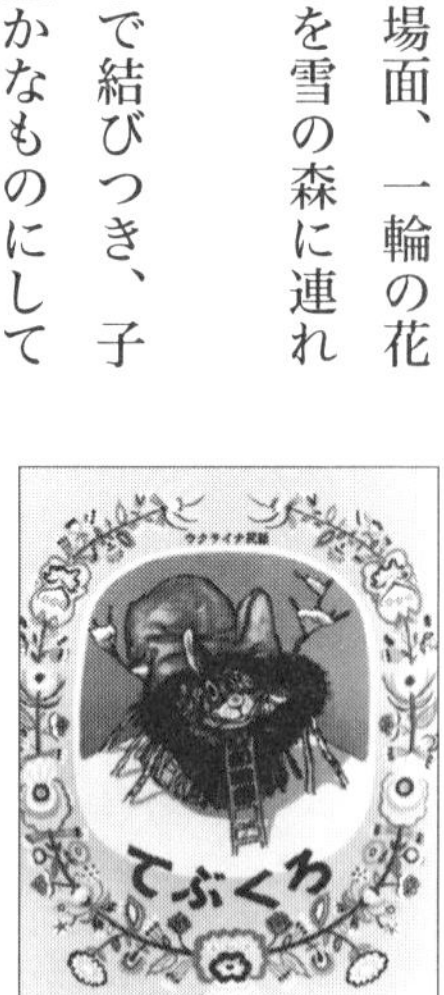

『てぶくろ』（福音館書店）

❀絵本の絵を読む楽しさを

小犬を連れたおじいさんが、森の中で落とした片方の手袋に、ねずみ、かえる、うさぎ、きつね、おおかみ、そしてくまと、次つぎに入ってすみかにするというウクライナの民話『てぶくろ』（ラチョフ　絵　うちだりさこ　訳／福音館書店）は、子どもたちが大喜びする絵本です。小さいものから大きいものへ、最後はのっそり熊まで手袋にもぐり込むという話は、子どもたちの頭の隅に、そんなことできるわけないという思いをもたせますが、いつの間にか、子どもたちは話の世界にもぐり込んでいきます。

動物にそれぞれ、くいしんぼうねずみ、きばもちいのしし……というように、名前があるのもおもしろいのですが、子どもの心をひきつけるのは何といっても、手袋の変化です。

はじめはごく普通の手袋ですが、ねずみが入り込むと、雪の上にじかにあった手袋は、たくさんの木の枝の上に。しかもはしごがかけられています。やがて手袋にはテラスがつき、煙突が立ち、窓が切られ、煙突からは煙が出ています。そして、窓は二つになります。

読みはじめて間もなく、「あっ、はしご」と言い出す子がいると、手袋の変化を次つぎに発見して、大騒ぎになります。

話は、新しい動物が現れて、入れてくれと頼む、すると先入者が「どうぞ」と答える——、「どうぞ」が、「まあ　いいでしょう」になり、「ちょっとむりじゃないですか。それじゃ　どうぞ」に、そして「とんでもない。まんいんです。……しかたがない。でも、ほんの　はじっこにしてくださいよ」と変わるが——というくり返しによる単純なストーリーですが、手袋に細工が施され、いっしょに住むことができることを語ってくれます。

話のおもしろさもさることながら、絵の語る楽しさを子ども自身が発見していく絵本です。

手袋の中にもぐり込む動物は、いわば食うか食われるかの関係にあります。そのことを心配し、「大丈夫なの?」と言い出す子どももいます。厳しい寒さの中、体を寄せ合って生きている人々の語ってきた民話であること、この話にこめられている人々の思いは、やがて大人になった時、理解されるでしょう。いまは、子どもたち自身がくり返し、絵本と出会う中で、自然に納得していくことを待ちたいと思います。

「――わたしの本選びの基本はね、ええ、どんな点を考えて選ぶかっていうことですが、まず内容です。この絵本はどんな内容かっていうことを、一番最初に考えるんです。でも、うちの子は絵なんですよ。それとおもしろいかどうかなんですね。考え、ちがいましたよ――」

お母さんのことばです。

確かに幼い子どもほど、まず絵のおもしろさ（美しさ、楽しさなどを含めて）で選んでいきます。これは子どもが「絵本とは何か」を、知っているからではないでしょうか。そのことは、子どもたちと絵本をいっしょに読むことを重ねていけばわかります。

『のろまなローラー』（小出正吾　文　山本忠敬　絵／福音館書店）の背景になっている町並み、菓子屋の「ローラーチョコレート」という看板を見つけて、そんなチョコレートあるのかとたずねたり、ほとんどのページに登場する犬はどこの犬だろうと、しきりに考えたりする子どもがいます。

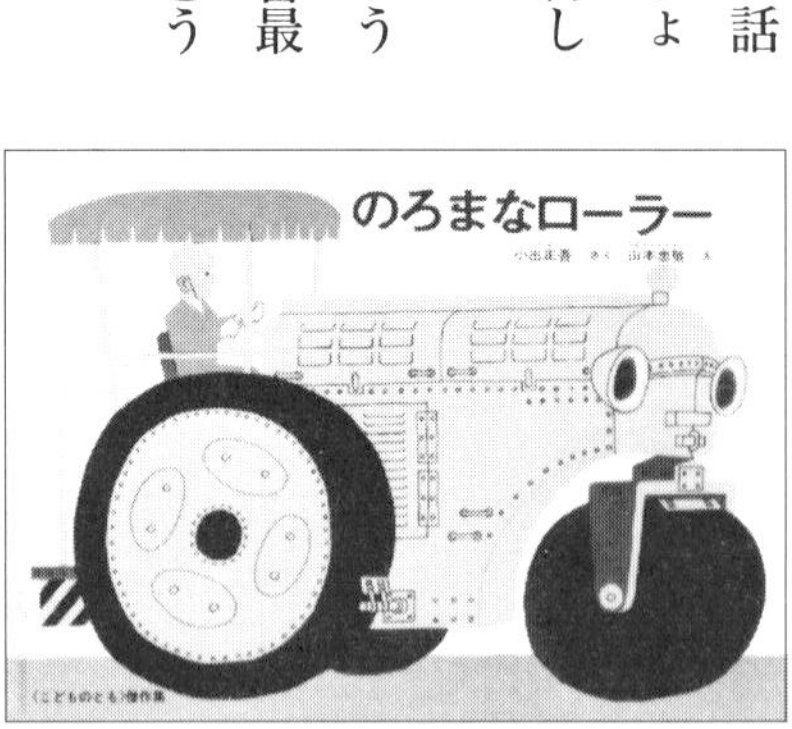

『のろまなローラー』（福音館書店）

『とりかえっこ』（ポプラ社）

ひよこが次つぎと鳴き声をとりかえていく『とりかえっこ』（さとうわきこ作　二俣英五郎　絵／ポプラ社）の背景に描かれている虫にワクワクしたり、ページの替わりに並べられている卵、その卵にひびが入り、やがて割れてひよこが飛び出す絵を見つけて、驚喜したりします。

またハッチンス『おまたせクッキー』（乾侑美子　訳／偕成社）の各ページに、子どもたちといっしょにいる黒猫の眼を気にしている子どももいます。

『かいじゅうたちのいるところ』（センダック　作　じんぐうてるお　訳／冨山房）の絵が、次第に大きくなって、見開きいっぱい余白なしになる。それが逆に余白を少しずつ大きくして最後は絵がなくなる。このしかけに気づいて、どうしてだろうと考え合う子どもたちもいます。

絵本の絵は、童話や物語の「さしえ」とは違います。ことばで語る世界を何倍も豊かにしてくれるのが、絵本の絵です。ですから絵本のいのちは、絵にあるといってよいでしょう。

ことばで語る以上に、絵の語るおもしろさに気づいた子どもは、豊かな感性と想像力をもつことになるでしょう。

＊絵本からひろがる世界へ

『おまたせクッキー』（偕成社）

『かいじゅうたちのいるところ』（冨山房）

またまた、少し昔の話です。

北欧民話『三びきのやぎのがらがらどん』（ブラウン　絵　せたていじ　訳／福音館書店）を聞けない子どももいました。初めての経験でした。

「先生、やめろそんな話！　勉強しよう、勉強」と、立ち上がって叫ぶのです。入学式の次の日でした。

わたしは、その叫びを無視して読み続けました。仕方なく聞いていたその子が、話の世界にひきずり込まれていくのがわかり、ほっとしました。

このあと、「がらがらどんごっこ」という遊びが流行しました。運動場の隅にある平均台の両端から子ども二人が上がって、落としっこする遊びです。かたや妖怪《ようかい》トロル、かたやがらがらどんです。遊びですから、話のようにがらがらどんが勝つとは限りません。トロルが勝って、「ウォー」と吠《ほ》えることもありました。

ずいぶん長い間続いた遊びでしたが、この遊びの中心になっていたのは、さきほどの子どもだったのです。

絵本に出会って、遊びに発展させる例は無数にあります（後出の『はっぱのおうち』や『でんしゃにのって』の実践はそのよい例です）。遊びに発展させる――それは作品世界をなぞったり、確認したりする、そしてその世界をしっ

『三びきのやぎのがらがらどん』（福音館書店）

かりと自分のものにすることでありましょう。

　作品に登場してくる人物と同じ体験をもってみたいと、強い願いをもつ場合もあります。『おおきなきがほしい』（さとうさとる　文　むらかみつとむ　絵／偕成社）を読んでもらった二年生の女の子は、夏休みに栃木のおじいさん、おばあさんの家へ行って、庭の大きな樫《かし》の木に登ろうと試みます。しかし、二年生にできることではありませんでした。

　でもこの子はあきらめずに、三年、四年と毎年挑戦します。そして中学一年の夏、ついにその木に登ることに成功します。彼女をかくも何年もの間、夢や希望をもち続けさせてくれたものは何だったのでしょう。それはこの絵本の〝つくり〟にありました。

　この絵本は、かおるという男の子の願いの「おおきなき」を、ヨコ開きからタテにめくって、つないでいく木として描いているのです。二冊の絵本の木をつなぐと、二メートル余の大木になります。このかおるの木を見ながら話を聞いて、大きな木に登ってみたいと思ったのは、彼女ばかりではありませんでした。

　すぐれた絵本は、子どもたちにさまざまな「声」を届けます。病んだこころを元気づけたり、支えたり、行動を起こそうとする意志や気力をくれるの

『おおきなきがほしい』（偕成社）

です。

このことは、子どもの場合だけではありません。大人であるわたしたちが、絵本と出会ってなぜほっとするのか——こころがいやされる——絵本はそんな不思議な力をもっています。

❁読みがたりは「愛と希望」

わたしは、読みがたりについて話をする時、必ずはじめに二、三冊の絵本を読んできました。人に読んでもらうことの楽しさを、少しでも体得してもらいたいからでした。

話が終わった後、参加したお母さん方からたくさんのことばが出ます。

「こんな楽しい思いをしたことはない」

「気持ちがすーっとして、なんだかとっても幸せな気分です」

「元気をもらったような気がします」

と、いきいきと語ってくれます。

「じっとしていられない、何かしなければという気持ちになる一方、いつまでもこのままでいたいという気分なんですよね。どうしてなんでしょう」

「絵本を読んでもらって、すごく楽しかったので、子どもにもと思いましたよ。今夜から早速はじめます」

と、ことばが続きます。

すぐれた作品は、それに接したものの心を動かすばかりでなく、そのことが日常の生活の中にとり入れられる、そんな力をもっています。とくに、子どもにいちばん近い人（父母や保育士、教師）の、機械を通した声でなく、あたたかな肉声を通して作品が語られる、そのことの積み重ねによって、子どもへの目が変わってきます。

「わたしは、昼間、子どもを怒った夜など、〝ごめんね、さっきはほんとにごめんね〟という思いで絵本を読むんです。そして、読んだあと、ぎゅっと子どもを抱いてあげるんです」

「わたしね、怒ったあと読もうとすると、うまく読めないんです。やっぱり、読みきかせってこっちの気持ちがたいらな時でないとだめですね」

お母さんのことばです。

どんなにすぐれた作品でも、その魅力がすっと子どものこころの中に入っていくとは限りません。このお母さんのことばのように、いらいらしていたり、心おだやかでない時の読みがたりは、作品のおもしろさが子どものこころに伝わっていきません。

読みがたりは、その作品のおもしろさを子どもに届ける仕事ですが、同時に読むものの、目の前にいる子ども（子どもたち）を慈しむ気持ち——愛をその作品に託して伝える仕事でもありましょう。作品の中に分け入って、その世界を体験しあう喜びを共有することといってもよいでしょう。

同じ体験をしあうもの同士の、他にたとえようもない喜びがあるからこそ、また読んであげよう、読みがたりを続けようという気持ちになるのです。

ですから、本書のさまざまな読みがたり実践がそれぞれ語っているように、たっぷりとその絵本の魅力を自分のものにしたときの読みがたりは、読むものと聞くもののこころをしっかりとつないでいきます。

ある集会に参加した時、読みがたりは子どもばかりでなく、読み手である自分たちの明日への希望を育てるものだという話が出ました。読みがたりを続けている教師のことばです。

「読みがたりは、子どもへの愛であり、子どもと読み手の明日への希望である」——このことは、厳しい生活状況の「いま」を生きる子どもたちの「生きる力」を育てるもの。これから、これを合いことばにしようと、約束したことでした。

［この本だいすきの会・代表］

私たちは楽しい「絵本の道案内人」

大西紀子

❁最初の一歩は「息きかせ」

一、二歳の子どもを持っているお母さんたちと、絵本を楽しむ集まりをはじめた時のことです。最初はまず、お母さんがすきな絵本を持ち寄って、わが子を膝にのせ思い思いに絵本を読みはじめました。持ち寄った絵本は『いないいないばあ』（松谷みよ子　文　瀬川康男　絵／童心社）『おふろでちゃぷちゃぷ』（松谷みよ子　文　いわさきちひろ　絵／童心社）『でんしゃにのって』（とよたかずひこ　作・絵／アリス館）でした。

三組の親子でしたが、ほっこりとした、幸せな光景でした。

膝の中の子どもたちは一様に母親を見ています。絵本を見るのでなく母親の顔を見てニコニコしています。お母さんはわが子に語るようにゆっくりと読んでいました。

そんな中で『でんしゃにのって』を読んでもらっていた二歳のなおちゃんが、絵本を読んでいるお母さんの口元に手をやり、唇をつかもうとします。お母さんが少し顔を揺すっても、止めません。

小声で読み続けるお母さんに、真向かいになった形のなおちゃんはそのまま、母親の息づかいを楽しむように、手をやったり顔を近付けたりするのです。〈ガタゴトー　ガタゴトー〉という電車の擬音のところにくると、いっしょに口を動かしながら、母親の口の振動を感じている様子でした。〈つぎは○○だー〉という口調の時は、くるりと向き直って絵を見ては、乗り込んでくる動物を指さして、ニコッと笑います。まずは、母親の口元の音声を楽しみながら、すきな動物の絵を見るというくり返しです。もちろんだいすきな母親の体温を感じながら、いい顔のなおちゃんでした。

なおちゃん親子は、家庭でもよく絵本を楽しんでいます。お兄ちゃんといっしょに、お母さんの読みがたりに十分に親しんでいるようです。生まれた時から、お兄ちゃんが絵本を読んでもらっている様子を、そばで見聞きしていたのでしょう。二歳前から、お兄ちゃんの絵本を持ち歩き、読むまねもは

『でんしゃにのって』（アリス館）

じめたそうです。

元気いっぱい、良く動き回るお兄ちゃんとなおちゃんを抱えて、育児に夢中だったお母さんは、ふたりと絵本を見る時間が一番の心安らぐひとときだと言います。うれしそうに、楽しそうに、絵本を読む母親の安定した声のトーンが、なおちゃんにも気持ちの安らぎを与えているのがよくわかります。なおちゃんはそんな母親の息づかいを全身で受け止め、飲み込もうとしているのでしょうか。それとも母親の口から飛び出てくる心地よい言葉を、手でつかまえようとしているのかもしれません。語りかける母親の口元に、泉のような愛情を感じているようです。

こんなしぐさは、実は、四歳の女の子でも経験したことがあります。双子の姉妹のお姉ちゃんでしたが、なかなかクラスになじめずに、入園してから一か月ほど、母親を追って泣いていたあさちゃんです。

私どもの園では、子どもたちの心憩える居場所のひとつとして、園の中での静かな空間、「絵本のへや」があり、どの学級の子もすきな時間に、思い思いにやってきて、すきな絵本を楽しむことが出来ます。できるだけ私もいっしょにいて、読みがたりにつきあいます。

あさちゃんも絵本のへやには、何とかいられるので、絵本を読んだり、話しかけたり、楽しい時間になればと、つき合っていた時のことです。

お家で読んでいたという『ノンタン絵本』や『タンタン』の絵本を読みながら、少しずつ気持ちも落ち着いてきて、泣く時間も減ってきたある日、『くいしんぼさんのうた』（まど・みちお　詩　馬場のぼる　画／童心社）を読んでいた時です。〈くいしんぼさんはわらいんぼさん　あっはっはあっはっはあっはっは〉と読んでいる私の口元へあさちゃんの手が伸びてきて、いかにも笑い声をつかむように、息づかいを手で確かめるようにして、あさちゃんも笑い出したのです。〈せかいじゅうで　あっはっは〉とうれしそうに唱和しながら、読み終わると「もういっかいよもう！」とえらい元気な声で催促され、驚いたものです。

気にいった絵本と出会う最初の一歩は、こんな姿もあるのかなと思い知りました。

人間の手は脳と直結していて、心の無意識な働きも現れると言われます。幼児のこのような一連のしぐさの中から、絵本の世界にかかわろうとする幼児の、無心の思いがあるように思えてなりません。読み手として、ゆっくりと膝にのせ、大事にしたい「息きかせ」です。

『くいしんぼさんのうた』（童心社）

❁絵本のもつ「育ての心」――いやしと励ましと

『くいしんぼうさんのうた』で元気になったあさちゃんは、何かつきものが落ちたようにふっきれて、もうひとりの双子の姉妹、明るいいくちゃんと同じように泣かなくなりました。まど・みちおさんの詩にこめられた天真爛漫《らんまん》な言葉の力が、泣きたいあさちゃんの気持ちを鼓舞させ、一歩前に押してくれたようです。

馬場のぼるさん描く、底抜けに明るい子どもたちの表情や、個性いっぱいのたくさんの仲間の姿が、ひとりではない、友だちがいるのだというはげみになったと思われます。

大人から見れば保育園や幼稚園は、同年代の友だちのいる楽しそうな場所と思ってしまいますが、子どもにしてみれば、家庭から初めて飛び込む集団生活の場は、ただただ、いろんな音の響き会う、空恐ろしい巨大な空間という思いにとらわれても仕方がありません。日々、身近で優しく世話をしてくれた母親がいないとなれば、不安もつのろうというものです。

けんちゃんもそんなひとりでした。病弱で入院も多かったということで、同じ年齢の子どもとほとんど遊んでいないまま入園しましたから、あまり友だちには興味がなく、静かな絵本のへやにお籠りしていて、クラスに行きたがりませんでした。

このけんちゃんが『ももの子たろう』（おおかわえっせい　文　みたげんじろう　絵／ポプラ社）に出会って、強く大きくなりたい願望に火がつきます。まるまると太った、桃から生まれたパワーいっぱいのももたろうに感情移入しては、〈むっくりずん　むっくりずん〉ととなえだします。

絵本のへやで、ひとりでもろ手を広げ、しこを踏むけんちゃんが二週間ほどみられ、「おれはつよいんだ」と絵本の世界で遊びながら自己啓発され、勇気をふるい立たせ、次第に皆の遊びの輪の中に入っていったのです。この本で私は、民話の持つ育ての力を感じました。

園の騒音（?）に馴染めないゆうきちゃんが、『まっくろネリノ』（ガルラー作　やがわすみこ　訳／偕成社）と出会ったのは、廊下での長い一日からはじまります。

ゆうきちゃんが保育室に入らずに、しばらくクラスの廊下でぐずっていた時、心配して寄り添うくみちゃんといっしょに、先生に絵本を読んでもらって、出会ったのが『ネリノ』でした。大のお気に入りになったゆうきちゃん

『ももの子たろう』（ポプラ社）

は、自分でも何回も読みながら、いとおしそうに「かわいそう、かわいそう」とネリノを指でさすり、いたわりました。

黒いので兄弟にも疎《うと》まれて、きれいな色に憧れるネリノをわがことのように心配し、話の展開が、勇気あるネリノの活躍でさらわれたお兄さんを助ける結末を迎えると、本当にうれしそうに喜びました。

それからというものゆうきちゃんは、まるで「わたしのネリノ」とでもいうように、絵に描いたり、OHP遊びに用いたり、卒園の記念画にと愛着ひとしおで、ゆうきちゃんが園生活の中で友だち面でも遊び面でも、どんどん意欲的になるのがわかりました。

自分の気持ちを元気にしてくれる、すてきな相棒のような主人公ネリノとの出会いだったのでしょう。確かに、何年も子どもたちに愛され続けたこの作品は、洗練された美しい絵と、不思議な生き物ネリノの優しさにあふれる行動力を伝える文章が見事に調和していて、何回読んでも新鮮で心が弾みます。聞き手をいやし、慰め、励まし続けているヒューマンな精神が流れていて、勇気がわいてくるようです。

みきちゃんは、入院中の父親の看病で何かと忙しい母親とふたりっきりの暮

『まっくろネリノ』（偕成社）

らしから、入園してみると、「がまんづよい子なのに」という母親の言葉に反して、お母さんを追ってよく泣きました。こんなみきちゃんが『わたしのワンピース』（にしまきかやこ　文・絵／こぐま社）を気に入りました。〈ミシンカタ　カタ〉の音に洋裁が得意の母親を連想し「ママもミシンするのー」とうれしそうです。〈ラララン　ロロロン〉のくり返しでは、まるで心を解き放たれたように、ぱっと明るい笑顔になりました。

やがて、自分で考えたチューリップ柄や、クローバー柄、ちょうちょやとんぼの絵柄のワンピースを主人公のうさぎに着せた絵を、自由画帳にのびのびと描いてみせました。

看病に追われる母親を気遣って、良い子でいたみきちゃんが、広い野原を伸びやかに、軽やかにかっ歩して、大自然と同化していくうさぎの姿に、解放され、憩いを味わったのでしょう。ワンピースという言葉も、女の子の夢をふくらませてくれたようです。

❀新しいことばと出会う喜び——ことばをため込むうれしさ

それからのみきちゃんの絵本への興味は、目を見張るものがあります。ひとりでお留守ばんの時に、お家でよく読んでいるという『マドレーヌシリー

『わたしのワンピース』（こぐま社）

ズ』の中でも、大のお気に入りが『げんきなマドレーヌ』（ベーメルマンス作・画　瀬田貞二　訳／福音館書店）。シスターと一二人の女の子が暮らす学院の様子を描いたおしゃれな絵本ですが、その中の一番おちびさんで、物語の主人公になるマドレーヌが巻き起こす、校内・外での出来事が、テンポよく展開して楽しめます。

特に、みきちゃんが目を輝かせるのが、いつもは物静かで冷静なシスター・ミス・クラベルの〈すわいちだいじ！　とはしりにはしって、かけつけて〉の言い回しの場面でした。

裾の長い黒の修道服を持ち上げて、長い廊下をひた走るシーンは大人でも引き付けられますが、みきちゃんはこのページを何回も見入りました。

そんなある日のことです。みきちゃんがクラスの男の子が鼻血を出して、なかなか止まらないと知らせに来てくれたので、いっしょにクラスまで廊下を走っていくと「しんぱいで！　はしりにはしって、かけつけて！　せんせいつれてきたよ」と担任に報告したのです。

あまりの真剣さとタイミングよい言葉づかいに、みきちゃんは絵本でため込んだ言葉を、ここでひとつ日常用語として体得したのだと実感しました。

『げんきなマドレーヌ』（福音館書店）

絵本のへやでもこんな事があります。ひとしきり外遊びの後、お昼近くなると、ひと息いれに男の子たちがやってきます。その日のひろくんはどうも友だちとトラブルがあった様子で、ポツンとしています。「よんでよ」と絵本を持ってきました。

『ワー、たまらん！』（マーフィ　作　まつかわまゆみ　訳／評論社）というその絵本は、夜眠れずに、家中を転々とするくまとうさんが、騒音に悩まされては、「ワー、たまらん」と逃げ出す愉快なお話です。

少し落ち込んでいたひろくんは、大笑いしてすっかり気分転換ができて、ニコニコ顔。やり合ったらしい友だち三人もつり込まれて、二度目の読みに参加です。コミカルな展開に皆で笑いこけました。その時、クラスの方から大きな声で「おかたづけだよー！」のしらせが。絵本をみていた四人が一斉に発した言葉が「ワー、たまらん！」で、大笑いでした。いろいろな言葉に皆で反応したり、使いたい盛りの子どもたちの絶妙なタイミングの言葉でした。

外国絵本にはなかなかうがった言い回しや、はじめて出会う新鮮な言葉がいっぱいです。『ガラスめだまときんのつののヤギ』（白ロシア民話　田中かな子　訳　スズキコージ　画／福音館書店）を読んだ時も、悪い山羊をやっつける蜂が刺した場面で〈いちころさ！〉と言う言葉に「えっ！」とけげんな顔の

『ワー、たまらん！』（評論社）

子が続出しましたが、山羊があわてふためいて逃げていく姿から〝やっつけられた〟の意味と察しがつき、ほっとした表情になり、納得の様子です。

年長組になると、物語りの進展や前後の状況から、またすぐれた絵を読みわけ、多少難しい言葉や知らない言葉でも、その意味をつかんで感じて、理解していく姿があります。すてきな日本語、豊かな語源にいっぱい出会わせたいものです。愛情たっぷりの音声言語を、いっぱいため込んだ子どもたちが、いつ、どこで、だれとどんな場面でその言葉を使いわけるのか、読み手として、ワクワク心踊ります。

❀なかよし読みのおもしろさ、楽しさ

梅雨時と二学期の運動会あと、そして不思議とお正月明けに、友だちと連れ立ってきては、なかよく同じ絵本をいっしょに読む子どもたちが増えます。絵本のへやであったり、教室の中だったり、廊下の絵本コーナーだったたり。それぞれの気に入ったところで、声を合わせて、読みあうのです。

梅雨時は、誰かすらすら読める子の声に引かれて読んでいるか、字をなぞっていたりします。運動会あとともなると、だいたいどの子も甲乙なく、声のトーンもいっしょに、いいハーモニーをかもし出しています。

『ガラスめだまときんのつののヤギ』（福音館書店）

お正月明けの育ちは一段とすばらしく、演じわけたり、ナレーターがいたりして、より仲間関係が深まっているのを感じさせます。

しょうこちゃんグループは、うたあそび絵本に夢中でした。『ねんねんねこねこ』（ながのひでこ　作・絵／アリス館）を節入りでしょうこちゃんが読むと、輪唱のように、みほ、なお、あきちゃんが追いかけて口まねするという具合です。

夏休み明けには、見事にハモっていて、一二月にはペープサートを作って年少組にみせました。「あのやまこえてどこいくの」も歌いながらのくり返し文句に、見ていた年少組もすっかり暗唱した子がいたほどです。

文字も絵の一部として、目と耳からいっしょに自然に入っていくことで、楽しみながらマスターしていく、子ども同士のコミュニケーション能力のすごさに驚かされます。

体で絵本に馴染むと、書いたり、作ったり、演じたりしてみたくなるのがよくわかります。またそれを互いにやり合っているうちに、もっと皆に聞かせたり、見てほしくなるようで、誰かを呼びたくなっていきます。

すぐるくんと『くろねこかあさん』（東君平　作／福音館書店）もそうでし

『ねんねんねこねこ』（アリス館）

た。

〈くろねこかあさん　あかちゃんうんだ。しろねこさんびき、くろねこさんびき〉という韻をふんだリズミカルな文章と、生まれた子猫たちのやんちゃな毎日がユニークな白黒の切り絵で展開していくお話は、お母さんもだいすきで、読んでもらったすぐるくんを魅了しました。

友だちとの折り合いが、なかなかつきにくかったすぐるくんでしたが、お母さんが土曜参観日に親子を代表して読み手を担ったことで、自分も読んでみようと奮い立ったのです。なかよし学級の小さい組さんまで、読みがたりの出前に出かけ、やんやの拍手をもらい、実にうれしそうでした。絵本を相手に読む喜びと、一体感が持てたという自信にあふれた表情でした。

絵本は本来、読んでもらう本だといわれますが、幼児なりに読んであげる楽しさ、いっしょに読む楽しさもあるようです。いろいろなことばのリズムが心地よいと最も感じられる幼児たちが互いに響き会って、語感を交流させている様子は、コミュニケーションのひとつの形としてほほえましい育ちです。

なかよし読みに人気の絵本は、このほかにも『キャベツくん』（長新太文・絵／文研出版）『しろくまちゃんシリーズ』（わかやまけん　作／こぐま社）『きんぎょがにげた』（五味太郎　作・絵／福音館書店）『14ひきのシリーズ』（い

『くろねこかあさん』（福音館書店）

わむらかずお　作／童心社）『バルボンさんシリーズ』（とよたかずひこ　作／アリス館）等など、言葉のくり返しがあり、リズミカルな文とシンプルな絵が楽しめる作品です。

遊び感覚で、無条件に楽しい、文字も絵のように感じられ、親しめる主人公がいてわかりやすいことと、絵のおもしろさを互いに通じあえるところに共通項がありそうです。

まずはあわてずに、心底、絵本っておもしろいね！　という感触がたっぷりと味わえる場、ひとり読みとなかよし読みがリラックスして出来る読書環境を、持たせてあげたいものです。ページをともにめくり、友だちといっしょに声を出して読む、音読の始まりとも見えますし、やがて一人ひとりが自ら読書をする喜びを獲得していく、下地にもなっていくと思えます。

＊自分と自分以外の存在に気づく経験

年長になると、互いに心持ちがわかってきて、友だちのそれぞれの良いところや、苦手なことなどが感じとれるようになってきます。もめごとや行き違いはあっても、言いたいことは言いながら、大きなケンカまでズレこまなくなります。自分の気持ちを伝える言葉の伝え方が育ってきているからです。

そして、自分と違う相手の言い分も聞こうという姿勢が出てきているからでしょう。

『ゆうたはともだち』（きたやまようこ　作／あかね書房）に出会ったしんちゃんが、「おれ○○、おまえともだち」という言い回しが気にいって、やたらと友だちに使いたがりました。どちらかと言えば、いつも一方的に自分の思いをぶっつけてきたしんちゃんだったのですが、少しずつ相手の思惑とのズレを感じてきた様子です。

絵本のもつおもしろさを知っている子どもたちは、早速に「おれつかれる」「おまえいつもつよい」などと、しんちゃんを認める言い方で絵本を媒体とした、自他認識（？）の言葉あそびに興じていました。

「じぶんはなにがとくい」「じぶんはこれがにがて」「おまえとおれはぜんぜんちがうけどすきだからともだち」――こんなやりとりが、ゆうたと犬の間でかわされます。人と犬の違いを軽妙な応酬で楽しめる『いばりいぬシリーズ』ですが、歯切れの良い紋きり調の言葉の魅力にとりつかれたしんちゃんは、いつのまにか自分だけの都合でなく、相手の言い分も聞いてみようとする気持ちの切り替えを身につけていきました。

絵本の中で、キチンと自己主張する主人公に触発されて、日頃もやもやし

『ゆうたはともだち』（あかね書房）

ていたものがスッキリとした気持ちで、五歳児なりに自分を見つめる機会になったのだと思います。

『ぼく』（竹田まゆみ　作　渡辺有一　絵／教育画劇）を読んだ時も、「ぼく」をしっかりと自慢する主人公を、憧れのまなざしで男の子たちは見つめます。「ぼくのなりたいものは、だれにもよろこばれるパンやさん」と宣言する晴れやかな姿に、わが意をえたりの表情をする子が多くみられます。

自分の大事にしているものが、実はとても身近で当たり前のことだということに安心し納得するようで、うれしそうな顔をします。

自分をうんでくれた母親や、いつもそばにいてくれる身近な家族の存在を思い、改めてすきになる、そんな絵本に出会っていくことは、つまりは自分というもの、ぼく、わたしを大切に感じる気持ちとして、ため込まれていくのだと考えます。

『こすずめのぼうけん』（エインワース　作　ほりうちせいいち　絵　いしいももこ　訳／福音館書店）と出会った子どもたちも、ごっこや劇あそびを楽しみながら、ぼくとぼく以外の仲間との違いに気づき、自分は自分という確かめを、くり返しのやりとりを通して納得していったように思います。

〈ちゅんちゅんってきり　いえないいんです〉と雀の特徴を言いつのりなが

『ぼく』（教育画劇）

『こすずめのぼうけん』（福音館書店）

ら、たくさんの鳥たちと、問答していく小雀に声援を惜しみません。

やがて子どもたちは、鳥だけでなく、ワニやシロクマなど、知っている動物たちまで引き合いに出しては、その違いを対比させながら、台詞を考え、劇活動として作り上げていきました。生き物をみる観察眼の育ちも忘れてはいけませんが、「じぶんが、じぶんが」と言い張っていた自分とは少し違った相手に気づく、子どもにとっては自己発見ともいえる大きな発達のステップです。

自分と自分以外の存在、仲間がいれば、刺激しあい、楽しくなっていくという相乗作用をつかんでいく園生活の中で、タイミング良く、よい絵本に皆で出会うことは、子どもたちの成長にすばらしい威力を発揮してくれます。

❀絵をみる目・絵を読む楽しさ

「おはよう。あっ、ゆきだよ。よし、ゆきだるまをつくろう。おかあさん、ぼうしとマフラーかしてよ。はなにはみかん。めには……」

とつとつと語りながら、のぶくんが『ゆきだるま』（ブリッグズ　著／評論社）を読んでいます。コマ割りで克明にゆきだるまを作っていく過程が連写されていますが、文字は何もありません。のぶくんが何回も気に入って読ん

『ゆきだるま』（評論社）

でいるうちに、次第に言葉で語るようになっていきました。というより、絵を読んでいるのかもしれません。

「やあ、こんにちは」などとゆきだるまが帽子を取って、主人公の男の子に会釈している場面は自然に挨拶の台詞が口から出ています。暖炉の前で驚くゆきだるまに「ごめん、ごめん」とあやまったりする声は、いつの間にか絵本の中でいっしょに行動している男の子になりきっているようでもあります。

無言で黙もくと絵をみていたかずくんも、絵本の世界へゆきだるまと遊びながら、すっかり男の子と一体になっていく姿がみられ、最後のクライマックスになる朝の寝起きに駆け出す場面では、ついに「とけちゃうよー」と声を発して最後のページをめくり、ゆきだるまのとけ落ちた様子に「あー!」とため息をつくのでした。

淡い色鉛筆を使ったソフトなタッチは、少年とゆきだるまの一夜の交流をファンタジックに、美しく浮き立たせ、子どもたちの心を魅了するのでしょう。

一二月頃から、外のけはいが雪模様になりそうな天候が続くと、不思議とこの『ゆきだるま』は男の子たちがくり返し手にして、じっくりと味わっている本の一冊です。口コミで、仲のよい者同士が伝えていき、クラスの男の子の間で流行ります。

文字を覚えはじめて、拾い読みが楽しい時期でもあるのに、改めて絵を読む楽しさを発見して、新鮮な喜びを感じているのでしょう。絵が語る魅力に引きつけられる子どもたちには、絵をみる目と、自分の言葉で物語る力の育ちを感じます。

『かさ』（太田大八　作・絵／文研出版）も赤いかさをさした女の子が雨の街中を、一人で歩いていく様子が絵だけで語られています。まわりの街まちの情景は黒の濃淡で描かれ、赤いかさをより鮮やかに際立たせます。時には女の子の不安な気持ちを表すかのように、道程がいかにも長く思わせるほどです。が、その分、結末の父親とともにケーキを持って歩く、幸せそうな女の子に、言いようのない喜びと安堵感を持つのでしょう。「おかあさんもまっているよ」と、女の子たちがつぶやきます。

赤いかさの女の子といっしょにかさを握りしめて、いっしょに雨の中を歩いていった自分を見つめながら、絵には出てこない母親の存在をも、感じとっているからこそ、思わず出る一言、という真に迫った言葉の響きでした。

この他にも、〈がったんがたたん　がたたんたん　キキキー〉という電車の音だけで、車内の乗り合い風景を描写していくユニークな絵本『がたたんた

『かさ』（文研出版）

ん』（やすいすえこ　作　福田岩緒　絵／ひさかたチャイルド）は、乗り合わせた人々の心の動きを表情一つひとつに写し出す、しっかりした絵画技量に裏づけされて、子どもの絵を読む目にその楽しさを伝えてくれます。

見ず知らずの乗客が互いに心を通わせていくと、絵が彩色されていくアイデアも、子どもは敏感に察知していきます。「なかよくなるとあったかいいろがでるの」とうなずきました。作者の絵にこめた愛情メッセージを、十二分にキャッチした言葉といえましょう。

❀読みがたりの輪は無限大

乳幼児期の子どもたちは、絵も文字も同じ感覚で、目と耳で取り込んでいくことが、園の子どもたちの姿から、読みとることが出来ます。絵本は、絵または絵と文の融合から生まれた芸術であるならば、絵の果たす役割は、絵を読む年代の子どもにとって、はかり知れないほどの大切な意味をもつという手応えです。

すぐれた絵と美しい日本語で、子どもへの愛情いっぱいに満ちあふれた絵本に、ぜひ出会わせてやりたいものです。

その橋渡しのために、たっぷりと絵を読む楽しさが味わえるよう、絵本の

『がたたんたたん』（ひさかたチャイルド）

道案内人として、ひとりでも多くの大人が読みがたっていくこと、まずは、お母さん方や保育者が身近な読み手として「息きかせ」を続けてほしい。あわせて、お父さんにもぜひ出番を、と思います。

私の園では、子どもたちが選んで借りていく絵本を、家族ぐるみで楽しむ様子が、絵本カードの記録によく見られます。また、園の子どもたちの話題に、パパの絵本の読みっぷりが自慢されたり、まねたりという場面が出てきます。父子のコミュニケーションにいかに役立っているかが感じられ、ほほえましい表れです。

一人ひとりの子どもの絵本体験が、身近な大人のたくさんの愛情で、より豊かであればあるほど、生きる力の根っこになっていく確かな手応えを、ひしひしと感じています。

「この絵本、だいすき！」という子どもたちの声が、各地でこだましていくように、園ぐるみ、家庭ぐるみ、地域ぐるみで、絵本と子どもを愛するものの読みがたりの輪が、これからも無限大に続くことを願いながら……。

［千葉県市川市立信篤幼稚園］

II 読みがたり実践記録——
いつもみんな、絵本といっしょ

一歳児と『もこもこもこ』との出会い

高橋　美代子

＊絵本にふれる喜び

東京都葛飾区の西南の端に位置する、公立の保育園が私の職場です。個性あふれる一歳児が一二人います。

ほとんどの家庭は、共働きのため、忙しい中の育児が予想されます。その中で入園以前の絵本を取り巻く環境を考えると、次のようなことが感じられました。

クラスの中で数人は、絵本に親しみをもっていました。しかし、ほとんどの家庭では、絵本をじっと見ていられない子の姿にとまどい、絵本の選定に迷っているようでした。

その結果、子どもが飛びつきやすい、付録つきの本などを与えがちの家庭もありました。このような子どもたちに、どんな絵本と出会わせてあげたらよいかと思考錯誤をしながら、私自身の体験から、何冊か絵本選びをしてみました。

『ねないこだれだ』(せなけいこ　作・絵／福音館書店)『たべたのだあれ』(五味太郎　作／文化出版局)『いないいないばあ』(おおともやすおみ　さちこ　作・絵／偕成社)から始まり、『きんぎょがにげた』(五味太郎　作／福音館書店)『おふろでちゃぷちゃぷ』(松谷みよ子　文　岩崎ちひろ　絵／童心社)『がたんごとんがたんごとん』(安西水丸　作／福音館書店)『ぎーこんぎーこん』(とよたかずひこ　作／岩崎書店)『ママだいすき』(真島節子　絵　まど・みちお　文／福音館書店)『しろくまちゃんのほっとけーき』(わかやまけん　作／こぐま社)と、読むうちに興味もだんだんに広がっていきました。

やがてお昼寝の前には、気に入った絵本を読んでもらうことが楽しいひとときになりました。集団の中から一人ひとりに焦点をあてると、おもしろい発見や気づかされることがありました。

これから一冊の絵本を通して、ふたりの男の子の姿を、書いてみたいと思います。

✽『もこもこもこ』とこうへいくん

まずは絵本だいすきの、こうへいくんにスポットを当てます。

入園した時から、こうへいくんはすきな絵本を取り出しては、一目散にもってきました。くるりと背を向けると、私の膝の上にちょこんと座り、絵本に釘付けになっていました。

こうへいくんは、なぜこんなに絵本がすきなのでしょう。そのひとつに、0歳児のころから絵本に親しんできたことがあげられます。

はじめのきっかけは、私立保育園での読みきかせでした。九か月ごろからこうへいくんは、身近な動物が載っている絵本をよく見ていたそうです。そして何より絵本をすきになっていった理由は、読んでくれるお母さんの声や鼓動、息づかいなどを感じながら、母親のぬくもりを心地よく感じたからに違いありません。

公立保育園に一歳八か月で入ってきたこうへいくんが、最初に気に入った絵本、それは『もこもこもこ』（たにかわしゅんたろう　作　もとながさだまさ　絵／文研出版）でした。この『もこもこもこ』が子どもたちに人気のある絵本であることは、知っていましたが「子どもはどんなところに魅力を感じるの

『もこもこもこ』（文研出版）

だろう」と、じっくり考えたことは、今までありませんでした。

ところが、子どもたちの一つひとつのしぐさや、言葉、表情、呼吸、目線などをくり返し見聞きするうちに、少しずつわかってくるような気持ちになりました。

こうへいくんの姿から見えてきたこと、眼では見えない心の動きのようなものをあげてみました。

絵本の言葉	こうへいくんの反応	読み手の印象
もこもこもこ	表紙を見て笑う	動きのあることばに、おもしろさと期待感をもったようだ。
しーん	息を止め、鼻と口に人差し指を立てる	「静」を意味するしぐさ? 目の輝きが印象的。
もこ もこもこ にょき	ことばをまねる 両手を上げる かわいい声を出す	声や体を使って表現する。 次第に絵本の世界に引き込まれているのだろう。

もこもこ にょきにょき	上半身、伸び上がる	
ぱく	絵を見て「アイスクリーム」と指差し、口に入れるまねをする	うれしそうに見開いた目。好きな食べ物を想像したのかな。
もぐもぐ	口を閉じたり開いたりしながら、大げさにかむまね	波線が口の動きに見える。いっしょにかむまねをするとおもしろい。
つん	飛び出した部分を指し、にっこりほほえむ	おっぱいに見えたのかな。照れ笑いをしている。
ぽろり ぷうっ	目線が点線に沿って動く 頬をふくらませる	擬態語と絵から想像できることを、素直に表現している。
ぎらぎら	腕を上げ、大きく広げる	輝いて見えたようだ。
ぱちん！	両手を合わせて、音を鳴らす 絵をたたく	風船が割れたときのように、驚いた表情をしている。
（ことば、なし）	絵にふれるたびに、「アッチ、	想像力を膨らませたね。まる

	アッチ」と言って、手を離す	で熱いものにでも触れるようなしぐさを、楽しんでいる。
ふんわふんわ ふんわふんわ ふんわふんわ	体を左右にゆらしながら、ことばをくり返す	気持ちよく、空中をただよっているイメージかな。
しーん	最初のページの「しーん」と同じ行動をする	始まりは期待感だったが、終わりのページに近づくと、さみしげな表情へと変わる。
もこ	パッと明るく期待の表情で、ことばをまねる	すぐに本を閉じないで、子どもたちの反応をゆっくりと見る。

それは、最後のページに来た時でした。こうへいくんは懸命に爪をたて、ないはずのページを何度もめくろうとしていたのです。「おしまい」の声も耳に入らないほど、夢中でやっていたので、彼が納得するまでと思い、止めずに見ていました。

そして、こうへいくんが、ようやくはがした「次のページ」。それは、裏表紙の茶色の紙だけ。それを見て「もう、ないんだ」とわかったようでした。そのこうへいくんの姿はなんともかわいらしく、「もっと見たい」という素直な心情と、「この先どうなるんだろう」と必死にめくる指先から思いが伝わり、はがれたページはそのままの状態にしておきました。

私は、こうへいくんから教わった事があります。大人は、経験や知識から物事を当たり前のようにとらえがちです。ところが、こうへいくんの行動は、純粋な心の動きとして表れていました。それは心で受けとめたことが、そのまま表情や体の動きにつながっているからなのでしょう。

そして、私が感じたこの絵本の最大の魅力は、まだ思うように言葉で表現できない子どもにとっても、感じたままをからだ全体で表に出せる、そんな自由さ、開放感があることではないかと思います。

その後、『もこもこもこ』と出会った、こうへいくんは、いろいろな絵本に興味を持ち、気に入った絵本『きょうのおべんとうなんだろな』（きしだえりこ作　やまわきゆりこ　絵／福音館書店）『くーくーねむりんこ』（南椌椌　作／アリス館）『おおきなかぶ』（ロシア民話　トルストイ　再話　内田莉莎子　訳　佐藤忠良　画／福音館書店）を見つけると、気持ちよさそうに寝転んで見たり、お昼寝の時には、大事に抱いたまま寝てしまうこともありました。

秋になったころには、「こうちゃんの！」「ひとりでみるの！」と独占したいという気持ちが芽生えてきました。そして、少しずつ〝知恵〟もつきはじめ、誰にも渡したくないほど気に入った絵本がある時には、自分のお尻にそっと隠し、ほかの絵本を見ることもあります。今では帰園時に、〝必ず一冊読んでから〟が日課になっています。

❇『もこもこもこ』とかんたくん

次に、絵本にほとんど興味を持たなかった、かんたくんの絵本との出会いや、成長を追ってみました。

好奇心が旺盛で、とても子どもらしい、かんたくんでしたが、家庭においても、じっくり絵本を見ることはほとんどないようでした。

入園した一歳四か月の当時も、絵本どころではなく、常に動き回り、あらゆる物、場所を探索し、自分の体で試していました。危険のない限りは充分に欲求が満たされるよう、見守ることにしました。

夏を過ぎたころでしょうか。だんだんと絵本に興味をもちはじめ、友だちの輪の中に入って来るようになりました。それでもはじめは、すぐに飽きて途中で立ち上がることがしばしばでした。

なるべく、一対一でかんたくんの気持ちに添って『おつむてんてん』（なかえよしを　作　上野紀子　絵／金の星社）『がちゃがちゃどんどん』（元永定正作／福音館書店）をくり返し読んでいくうちに、最後まで見ることができ、言葉やしぐさも真似るようになりました。

また、そのころにようやく自分の身の回りの事を世話したり、遊んでくれる大人の存在を意識しはじめ、甘えも見せるようになりました。

そして、片言が出始めた時期、一一月ころには、自分が気に入った絵本を棚から選び、「せんせい！　よんで」と表情やしぐさで訴えるようになりました。一日に何度も同じ絵本を運び、すきなページをめくっては、「これは？」と聞き返す絵本、それが『もこもこもこ』でした。

「これは？」「もこ」

「これは？」「ぱちん」

「これは？」「つん」

絵と私の顔を交互に見ながら、一つひとつ確かめ、答えが返ってくると、「にこっ」とうれしそうな表情を見せていました。ただ前述のこうへいくんとの違いは、本のページどおりには見ていないことでした。

戻ってはまた先を見て、という調子ですが、よほど気に入ったのでしょう。一度読みだすと、一〇分から一五分ほどやりとりが続きます。

これが『もこもこもこ』という絵本のもう一つの魅力なのかもしれません。決まったストーリーではないため、聞き手に合わせる方法で構わないのでしょう。その事に気づかされた私は、そうであれば「かんたくんが要求したことにとことん付き合おう」と思うようになりました。すると、私自身も絵本を共有する時間が楽しくて、楽しくて……。

かんたくんが、「これは?」といきいきとした表情で見つめ、言葉を待つ姿が何とも愛らしく、その共有時間が私には、とても貴重であり、心満たされる感がありました。

かんたくんが、絵本をすきになった理由のひとつには、人と人との心の通い合いの温かさを、絵本を通して感じられたからに違いありません。くり返しの言葉のやりとりや、目と目で交わした会話の中に、同じ絵本の世界を共感しあえた喜びがあったからでしょう。

またそこには、自分の動きを阻害されず、思いそのものを受け止めてもらった大人との信頼関係も根底にあったはずです。

かんたくんのおもしろい行動の中で、こうへいくんと共通することがありま

した。そう、彼もまた、『もこもこもこ』の最後のページをめくろうとするのです。そして自分で確かめると、私の顔をゆっくりと見上げ、「ない」と知らせるのでした。その後、かんたくんは、迎えにくる父親に「よんで」とばかりに絵本を差し出すようにもなりました。

❀読みがたりの大切さを教えてくれた絵本

『もこもこもこ』は、その後もクラスで人気の絵本になっていきました。最後の破れたページには、いつのまにか子どもたちの言葉、「びりびり」が加わることになりました。

新たな発見や驚きを次つぎに与えてくれた『もこもこもこ』。この絵本との出会いをきっかけに、ふたりの姿を通して、子ども一人ひとりの絵本への興味をもつ時期や感じ方は、けっして同様ではない、と改めて認識することとなりました。

保育園という一つの集団の中で生活していると、「皆でいっしょにね」や、「何かに向けて一つの事をしよう」など、物事を全体としてとらえがちです。たとえ、数人の子どもたちが、いっせいに一冊の絵本を見た場合においても、『もこもこもこ』の例によらず、語り手はつねに「一人ひとりに向けて語る気持ちが大切である」と痛感させられました。

また、絵本はうれしいことに、大人もいっしょに楽しめる世界をもっており、子どもと共有するすてきな数分間を授けてくれるのです。

時々なつかしい気持ちや、胸おどる絵本との出会いがあるのは、私自身が幼いころ、母親や保育園の先生に読んでもらった記憶の表れでしょうか。

時には励まされ、元気づけられる絵本、心温まる絵本、ユーモアたっぷりで心の底から笑える絵本など、私は一冊一冊の絵本との出会いを、これからも大切にしつつ、子どもたちとともに、夢をもって絵本の世界を旅していきたいと思います。

そして子どもたち一人ひとりの絵本環境の充実にも、力を注いでいきたいと考えています。

［東京都葛飾区立木根川保育園］

※コメント

赤ちゃんのころから、絵本の読みがたりをしてもらった子どもと、その体験をもたない子どもとの違いとその意味。後者に、どのような方法で絵本の魅力を伝えていくのか、わたしたちの大きな課題である。

（K）

二歳児と『でんしゃにのって』出発進行

小牧　幸恵

✽子どもたちと絵本

私が保母になって初めて受けもった二歳児の子どもたち。何を読もうかな？どんな絵本を喜ぶかな？　と私にとって、期待いっぱいの出発でした。

二歳児への読みがたり、一対一ならできても、大勢の前で大丈夫だろうかと、多少の不安がありました。やはり中にはあまり興味のない子、だんだん飽きてしまい、最後まで見ていられない子もいます。

でも、子どもたちへの読みがたりをしてみると、以前から絵本、紙芝居などを通して、みんなでいっしょに見る経験をしているからか、思っていた以上によく聞いている姿がありました。

興味を持って親しんでいる子は、家庭でもよく読んでもらっていたり、近所にある図書館を、親子で頻繁に利用しているようです。

しかし保育園は共働きや、フルタイムでの勤務の保護者が多く、忙しいなかでの育児や家事の毎日です。ゆっくりと本を読んであげるゆとりがない、と話してくれるお母さんもいました。そんなことから、子どもたちは一人ひとり、異なった絵本体験をしてきているのだ、ということがわかってきました。

❀自分だけに読んで――一人ひとりへの読みがたり

みんなの前で読んでみると、絵本だいすきのさっちゃんは、その本を「よんで」と必ず持ってきます。そして膝にちょこんと座り、私の耳たぶを触って、自分の指をちゅっちゅと。自分が一番リラックスできるスタイルで、うれしそうに絵本の世界に入っていきます。

不思議なことに、かたわらでいっしょに見ていたにもかかわらず、別の子が「こんどは、わたしによんで」というように、膝にのって同じ本を読んでもらいたがることがよくありました。

さっちゃんにしても、次の子にしても、さっきはみんなに読んだけど、今度は「自分だけに」読んでもらいたいという気持ち、それはなぜ起こるのでしょう。

それは家庭で抱っこで読んでもらっているからだと思います。お母さんの体のぬくもりやにおい、息づかいを肌で感じ、その心地よさを知っているからこそ「自分だけに」読んでもらいたいと思うのでしょう。

私も幼いころ、母親にたくさん絵本を読んでもらいました。それはお話のおもしろさはもちろん、しっとりとした、心からホッとできるひとときだったように思います（今もこうして絵本がすきなのは、そんな思い出があるからでしょう）。

いくら楽しく読んだとしても、そこに人と人とのぬくもりがなければ、その楽しさのすべては伝えきれないと思うのです。私自身も、子どもの安心した表情、かわいらしいつぶやきを肌で感じながら、お話の世界を共有しあえる楽しいひとときでした。

子どもたちに読みがたりの原点を、教えてもらったように思います。

❊絵本環境を見つめ直して

一人ひとり、異なった絵本体験をしてきている子どもたち。読んでもらったり、自分でも気に入った絵本をくり返し見て、大切そうに抱えてうれしそうな子。その一方で箱に詰めこんだり、おもちゃのように扱っている子もおり、さまざまです。

また、見たい絵本を探すのに、本棚から本を全部取り出すので、本棚の前は絵本が山積みになってしまいます。これではあまり興味のない子は、ますます扱いが雑になってしまうと思い、絵本を置く環境の工夫をしました。

子どもたちを見ていると、絵本の表紙の絵を見て、ほしい本を探しているようです。絵本の表紙はどれも楽しいもので、子どもたちに誘いかけます。そこで美しく楽しい表紙を見せながら収納できるよう、ビニールのテーブルクロスで透明のウォールポケットを作りました。

子どもたちはとても喜んでくれて、お気に入りの本を入れたり出したりして、うれしそうに遊んでいました。また保母の読んだ本をそこに入れておくことで、手軽に取り出して、くり返し楽しむことができました。子どもたちの成長とともに、箱に詰めこんだり投げてしまうことも、だんだん少なくなってきました。

そんなある日、女の子が迎えにきた母親に

手作りのウォールポケット

「きょうねー、せんせい、これよんでくれたんだよー」と、うれしそうにウォールポケットから本を取り出して、見せていました。保育園は送り迎えの時間が、子どもによってそれぞれ異なります。保護者に会えないことも多いので、残念ながら喜んだ絵本を直接紹介するチャンスが少ないのです。

子どもたちが、より絵本を楽しめるようにと思って作ったウォールポケットですが、思いがけず保護者への絵本の情報になりました。そこから親子の会話が生まれていったことを、とてもうれしく感じました。

※子どもたちの喜ぶ本は――

子どもたちみんなで集まっての読みがたりの時間は、くり返しを中心としたわかりやすい内容で、みんなが楽しさを味わえるものを選んできました。

二歳児の子どもたちが、とくに気に入ったのは『いないいないばあ』（松谷みよ子　文　瀬川康男　絵／童心社）でした。読んだ後、顔を半分出してみたり、口だけかくして「ばあ！」と見せたり、いろいろなバリエーションでの、《いないいないばあごっこ》を楽しみました。

『でてこいでてこい』（はやしあきこ　作／福音館書店）では、「なにがでてくるかな　でてこい　でてこい」という言葉もすっかり覚えて、ページをめく

『いないいないばあ』（童心社）

り、ぬき出てくる動物に大喜びしていました。

『たまごのあかちゃん』（かんざわとしこ　文　やぎゅうげんいちろう　絵／福音館書店）では、たまごの絵をあたためたり、トントンとノックしたりして、「でておいでよ」と声をかけていた子どもたち。ある時はページを逆にめくって「あっ！　また（たまごに）入っちゃったー」と、ちゃめっ気たっぷりに保母にやって見せてくれる子もいました。友だち同士、絵本を囲んで楽しむ姿も見られるようになりました。

＊『でんしゃにのって』との出会い

そのような時、だいすきなくり返しの内容、親しみのある動物が出てくることと、普段よく電車ごっこをしていることから、友だちとイメージを共有して楽しめると思い、『でんしゃにのって』（とよたかずひこ　作・絵／アリス館）を読んでみました。主人公のうららちゃんが、電車でおばあちゃんのうちに行くまでの動物との楽しいふれあいが、〈ガタゴトー〉という擬音と共に広がっていく絵本です。

パジャマに着替えて、お昼寝前のゆったりした中での読みがたり。〈ガタゴトー〉という擬音は喜ぶかな？　おばけが出るところもきっと、こわいもの見

『でんしゃにのって』（アリス館）

たさで喜ぶだろうなど、私自身がとても気に入った絵本だったので、期待いっぱいでした。

全体を通して、じっと絵本を見てよく聞いていましたが、言葉や身体で表現される反応は小さいものでした。

絵本には、一度で子どもたちが飛びついてだいすきになり楽しむものと、読み重ねていく中で、その楽しさがじわじわと心の中に広がっていくものとがあるようです。『いないいないばあ』などのような、わかりやすい内容のものが前者であるなら、『でんしゃにのって』は、後者だったと思います。一概にはいえませんが、このような反応だったと思います。

そういえば『もこもこもこ』（たにかわしゅんたろう　文　もとながさだまさ絵／文研出版）を読んだ時も、その不思議な絵、擬態語に「なんだろう？　この絵本は……」と、様子を見ている子どもたちの姿があったのを思い出しました。でも読み重ねていくにつれ、不思議な言葉のとりこになって〈もこもこもこ〉〈にょき〉などを、身体で表したりするほど、すきになっていきました。

『でんしゃにのって』も、初めての読みがたりでは、駅名と乗ってくる動物が一致しているところ、最後がおばけというおもしろさなど、気づきませんでした。でも二回、三回と読むにつれ、文章や絵の中にちりばめられたおもしろさが、心の中に広がっていったようです。

電車が満員になった時、ぞうがうさぎを抱っこするところは「あっ！　だっこしちゃった」と、うれしそうななみちゃん。ほのぼのとした場面に、心がホッとします。駅名と乗車する動物が、同じだと気づいたみぃちゃんは、得意そうに「つぎはくまだよ。くま、くま」とつぶやいています。へびが手すりを登るところ、みんなが居眠りしてしまう場面、次から次へと子どもたちの、おもしろいところ探しは続きました。

だれかが「よんで」と持ってくると、自然に子どもたちが集まってきて輪ができます。そして感じたことをつぶやいたり、そばにいる子と顔を見合わせて共感したりする、ほほえましい姿も見られました。

そしてこの絵本の世界は、「ごっこあそび」に広がっていきました。

❀もうひとりの、うららちゃんになって

ダンボールをつなげての電車ごっこ。でも子どもたちはみんな、一人ひとりが運転手のつもりでおり、それぞれの思いの中で楽しんでいるかのようでした。

そこで私はそばに行って「ガタゴトー　ガタゴトー」と言ってみました。するとその言葉をきっかけに、何人かがうれしそうに「ガタゴトー　ガタゴトー」と、身体を揺らして口ずさみはじめました。子どもたちの中では〈ガタゴトー〉は、もう共通の言葉になっているのだと感じました。

その近くで、あそびに加わりたいのだけれど、入るきっかけがつかめず、じっと見つめているりっちゃんがいました。そこで「次はりっちゃん、りっちゃーん」と声をかけてあげると、すんなりダンボール電車に乗り込むことができました。友だちもりっちゃんを気持ちよく受け入れたのは、同じイメージを共有しているからでしょう。

次は自分の名前を言ってほしいと、何度も乗り降りがくり返され、間に〈つぎはー　おばけだー　おばけだー〉と入れると、大はしゃぎで喜ぶ子どもたちでした。同じ絵本をいっしょに楽しんだからこそ、うまれたあそびだと思います。また、動物たちが乗車するときに言う〈はい、おじゃましますよ〉が、子どもたちのお気に入りの言葉になりました。

何回目かにこの本を読んだ翌日、りっちゃんが私に着替えを手伝ってもらい、袖に腕を通しながら「はい、おじゃましますよ」。そのかわいらしい使い方にうれしくなり、「本当だ、お袖にはい、おじゃましますよ、だねー」とふ

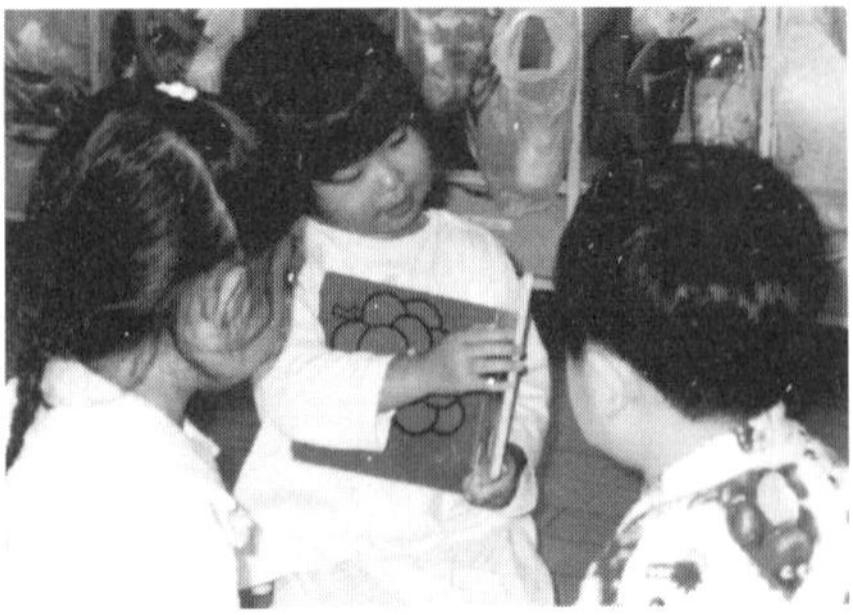

たりで笑い合ってしまいました。

ほかの子どもたちも、テーブルのあいている席に腰掛けながら「はい、おじゃましますよ」。おうちごっこの時、「いれて」の代わりに「はい、おじゃましますよ」という風に、園生活の中でこのフレーズを、おもしろおかしく言い合っている子どもたちでした。

ふだん使い慣れない言葉だけに、新鮮だったのでしょう。

二、三歳のころは言葉を模倣する時期。覚えた言葉は使いたくて仕方がありません。それを大人が受けとめ、返してあげることで、使い方を確かめていくのだと思います。絵本を通しての、そんな言葉のやりとりも大切に受けとめていってあげたいと感じました。

そんなさまざまなあそびが生まれた『でんしゃにのって』。改めてこの本をひらいてみた時、たくさんの白い部分—空間—があることに気づきます。子どもたちはこの空間に自分の姿を描き入れて、絵本の世界へあそびに行ったのかもしれません。もうひとりのうららちゃんになって……。

✽さあ私も、でんしゃにのって出発進行！

全体への読みがたりの中で、小さい年齢でも、友だちと目と目を合わせて、うなずき合い共感すること、同じイメージの中であそぶ楽しさを味わえるものだと、驚かされました。

でも、その中でふれあいを大切にした一対一での読みがたりも、大事にしていきたいと思います。まずはそこからはじまるのですから――。自分だけに読んでもらってうれしい、そしてみんなで見ることも楽しい、両方の気持ちを味わってほしいと思います。

また一日のうちの、ほんの数分の読みがたりが、親子のあたたかいふれあいのひとときを生んだり、友だちとの心やあそびの伝え合いのきっかけになったりしていることに、改めて気づくことができました。

私の保育者としてのスタートは、子どもたちといっしょに〈でんしゃにのって〉出発しました。『でんしゃにのって』の本を見るたびに、出発の一年を思い出すことでしょう。

また子どもたちの心のどこかに、絵本を通して経験したことが残り、生きていく力となることを願います。これからもたくさんの子どもたちと、さまざまな絵本の世界を楽しんでいきたいと思います。

【千葉県市川市立鬼高保育園】

※コメント

一冊一冊の、それぞれ個性をもった絵本の表紙がよく見えるように工夫などして、子どもの関心をもたせる環境づくりが大切。

一人ひとりの読みがたりから、子ども集団への読みへ、その意味と方法を考えさせてくれる。

（K）

三歳児と『じごくのそうべえ』――広がる絵本の輪

中川 洋子

❀いろいろな絵本に親しむ

保育園の子どもたちは、0歳のころから保育者の膝の上で、そして友だちといっしょに絵本を読んでもらう機会が多くあります。二歳くらいになると、みんなで絵本を読んでもらうことを、楽しみにするようになります。

私が三歳児クラスを担当することになった時のことです。クラスの中には、核家族はもちろんのこと、少子化時代を反映してひとりっ子も多く、大人に囲まれて育っている子もいました。保育園で早くから絵本に親しんできた子、家庭でお母さんに絵本を読んでもらってきた子、あまり絵本に触れる機会がなかった子など、それぞれ、いろいろな体験をもっている三歳児でしたが、感性豊かに育ってほしいと願いながら、私は四月からいろいろな絵本を読みました。

ちょうど三歳のころは、物の分別がつきはじめ、「おばけ」はこわいものだけれど、見てみたいという気持ちが強くなる時期です。

『おばけのてんぷら』（せなけいこ　作・絵／ポプラ社）は、ちょっぴりくいしんぼうの、山のおばけがでてくるので、子どもたちは大喜び。何日も読んでほしいというほど、お気に入りの本でした。

また、想像する楽しみがいっぱいある『もこもこもこ』（たにかわしゅんたろう　作　もとながさだまさ　絵／文研出版）や、『キャベツくん』（長新太　作／文研出版）、そして生命の不思議さを感じさせてくれる『はらぺこあおむし』（カール作　もりひさし　訳／偕成社）も、子どもたちのだいすきな本です。

ごっこあそび、みたてあそびがさかんになってくる三歳ころ。園庭でも室内でも、自然に劇あそびがはじまるのが、『おおかみと七ひきのこやぎ』（グリム童話　ホフマン　絵　せたていじ　訳／福音館書店）や、『てぶくろ』（ラチョフ　絵　うちだりさこ　訳／福音館書店）のおはなしです。物語に入りこみ、登場人物になったつもりで楽しく遊んでいます。

ある日、担当クラスの子のお母さんから「本屋に行ったら、息子が保育園

『おばけのてんぷら』（ポプラ社）

で読んでもらった『はらぺこあおむし』の本が、どうしてもほしいというので買いました」という話を聞きました。

その子は、本を読んでいるとき、あちこち移動したりして、そわそわしていることがありましたが、彼なりに興味をもって絵本を楽しんでいたことがわかり、とてもうれしく思いました。

クラスの子どもたちは、読みがたりをすすめていくうちに、絵本を食いいるように見つめ、集中して聞く姿がみられるようになっていきました。

六月のある日、Aくんが保育園で読んでもらった本をお母さんに見せて、いっしょに読みたいというので『おばけのてんぷら』を貸してあげました。それがきっかけで、クラスの子どもたちへの絵本の貸し出しがはじまりました。

そこでクラスだよりで、子どもたちのすきな本を知らせたり、読みがたりの大切さ、心地よさ、一日のうちで、いつ読みがたりをしたらよいかなどを知らせていきました。

保育園の子どもたちは、親と接する時間が少なくなりがちですが、寝る前の落ちついた時間に絵本を読んでもらい、ホッとしたひとときを過ごすことが、何よりの楽しみであると同時に、親子のコミュニケーションの場になっているようです。

『はらぺこあおむし』(偕成社)

❇『じごくのそうべえ』との出会い

私と『じごくのそうべえ』（たじまゆきひこ　作〈桂米朝上方落語・地獄八景より〉／童心社）との出会いは、私の娘が小学校低学年のころ、読書の時間に担任の先生が読んでくださり、とてもおもしろかったからと図書室で借りてきたというものです。

娘は「お母さんに見せたかった、いっしょに読もうね」と言い、さっそくふたりで読みました。

これは、上方落語「地獄八景《ばっけい》亡者《ぼうじゃ》戯《のたわむれ》」の話を絵本にしたもので、地獄に落ちたそうべえが生き返るという話の展開に驚くとともに、絵のもつ不思議な魅力に引きつけられました。

とくに、じんどん鬼やえん魔大王の表情から迫力とおもしろさを感じ、どんどん絵本の中に引きこまれていったのを覚えています。

❇三歳児クラスで『じごくのそうべえ』の読みがたり

さて、絵本がだいすきで感受性の鋭いAくんが、さかんに「じごくへおちるぞ。ぼくはじごくへいく」などと、口にすることが多くなりました。誰か

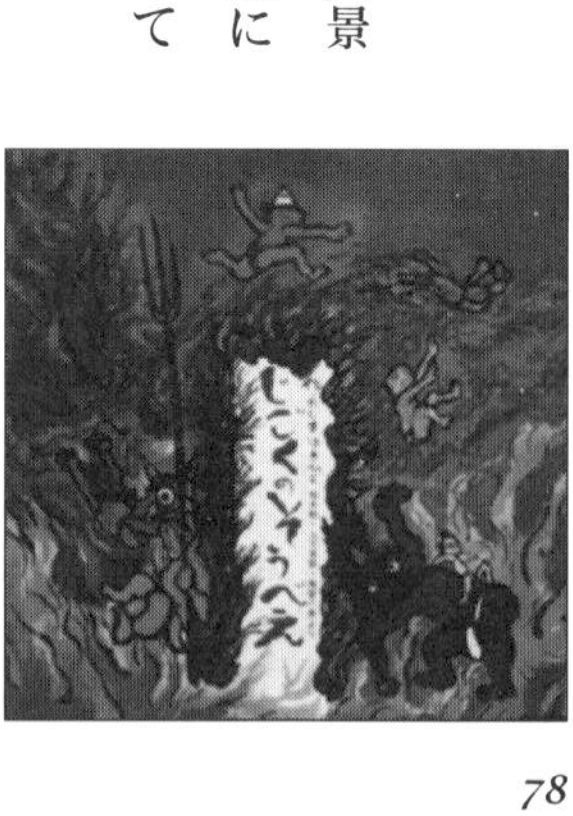

『じごくのそうべえ』（童心社）

に「地獄へおちるよ」などと言われたことがあるのでしょうか。

そのころお母さんの仕事が忙しく、Aくんとゆったりかかわる時間が少なくなっていたりしたことを感じて、その気持ちを表していたのかもしれません。私は「地獄が出ている本を見てみる」と話すと、Aくんはうれしそうに「うん」とこたえました。

けれども、はたして三、四歳の子どもたちに『じごくのそうべえ』の話がわかるのかどうか、とまどいを感じました。

一口に地獄といっても、どんなところなのか、核家族が多い現代では、それをお年寄りに聞く機会がないのではないかと思い、おもいきって読むことにしました。

結果は、思った以上に、子どもたちは話を理解し、とても喜んだのでこちらのほうが驚いてしまいました。

この話は軽業師《かるわざし》のそうべえが、綱渡りの途中に落ちて地獄へ行き、歯抜き士しかいや、医者のちくあん、山伏《やまぶし》のふっかいと知りあうところからはじまります。四人は、えん魔大王に生存中の悪行《あくぎょう》をあばかれ、ふん尿地獄、じんどん鬼の腹の中、熱湯の釜などへ入れられるのですが、とうとう地獄から追い出され、生き返るという話です。

文章が関西弁で書かれていて、軽妙な語りくちなので、それだけで子どもたちはスーッと話にとけこんでいきます。絵にも迫力がありますが、えん魔大王や鬼たちの、どこかこっけいで憎めない表情が、子どもたちの心を引きつけます。

何回も読んでいるうちに「じごくのそうべえ」と、題名を読んだだけで、「ワーッ」と歓声があがり、盛りあがります。

そうべえが、綱渡り中に落ちて、「くうっ」と言うところでは、語感のよさに大笑いの子どもたち。しかし、火の車や着物をはぎとる、しょうずかのばあさんが出てくると、真剣な顔つきになっていきます。

不思議なもので、「けったいな」というような難しいことばでも、関西弁の流れの中で、その意味が雰囲気でわかってしまう子どもたちでした。

えん魔大王が出てくると、「うそついたらベロぬかれるよ」と、少し怖そうです。ふん尿地獄では、うんこやおしっこが最近は集まらず、底のほうにうんこやおしっこがひからびていると知り、再び大笑い。

じんどん鬼の抜けた歯は、何本あるかとか、腹いたをおこした鬼の顔を見て「せんせい、みて。たいへんだ！　おにのかおいろがわるくなっているよ」「ほんとうだ、あおとむらさきいろだ」などと、大さわぎです。

そしていよいよクライマックスの、じんどん鬼をこらしめるところへ。腹いた、くしゃみ、おなら、くすぐり、と四種類のことが次つぎと襲ってくるじんどん鬼を見て、子どもたちはとにかく喜びます。怖い鬼を四人で痛快にやっつけるところで、すっきりとしたという表情。心からおかしくて笑っている子どもたちの姿は、見ていても気持ちがよいものです。

最後に、そうべえが生き返るところでは、「いままで、ゆめをみていたの？」「ほかのひとはどうなったの？」とか、「いきかえるってどういうこと？」と、次つぎに質問が出てきました。

「生き返る」というおもしろさは、まだ三歳児には難しく、わかりにくかったようですが、本を読み終わるとすぐに「もういっかい、よんで！」という声があがるのには、私もうれしいやら驚くやらでした。三歳児はその年齢なりに、『じごくのそうべえ』を楽しむことができたのではないかと思います。

❁親子で絵本を楽しむ

地獄というものを、絵本のなかで見たAくんは、「ちょっとこわかったけれど、おもしろかった。おかあさんにもみせてあげたい」と言っていました。想像力の豊かなAくんは、絵本を通してお母さんと、たくさんふれあうことができるようになっていきました。

たとえば、『とりかえっこ』（さとうわきこ　作　二俣英五郎　絵／ポプラ社）を読んだ時は、「ぼくのこえと、おかあさんのこえをとりかえっこしようよ」と提案。お母さんは、ずっとかわいい声でしゃべらされたとか。

また『おばけのてんぷら』（せなけいこ　作・絵／ポプラ社）では、お風呂あがりにお母さんが、Aくんにシッカロールをつけていると、それを天ぷら粉にみたてて、「てんぷらだあ。どんどんあげなくっちゃ。ジュージュー」と、自分が天ぷらになり、くるくるとまわって揚がる様子を見せてくれ、とてもおもしろかったそうです。

『キャベツくんとブタヤマさん』（長新太　作／文研出版）では、絵本に出てくるつり橋をストローで作ってみたり、それを発展させて、釣りざおや田の字まで作ったとのこと。また粘土で、キャベツくんとブタヤマさんを作って、それでお話を演じたそうです。

お母さんと、絵本を通してあそびが発展していったり、かかわりが密になっていく様子がうかがえます。お母さんがAくんの気持ちをくみとると同時に、いっしょに楽しんでいるところがとてもほほえましいと思います。

やがてお母さんが、園に迎えにくる時間を早くしたりして、Aくんと接する

『とりかえっこ』（ポプラ社）

『キャベツくんとブタヤマさん』（文研出版）

時間を大切にすることで、Aくんの地獄行きの話は静まっていきました。

子どもたちは、絵本を食いいるように見つめています。その目のきれいなこと。心のとびらを全開にしているなあと、いつも思います。

❊絵本は心のとびらを開く

絵本の前では、どの子も子どもらしくて、素直だなあと感じます。心が疲れている時、一冊の本がホッとする時間をくれます。一冊の本が子どもたち、そして親子にもたらしてくれるものは、とても大きいと思います。

一日のうち、親子でいっしょにいる時間が長くても、心がかよいあっていないこともあるかもしれません。親子で過ごす時間は短くても、密度の濃いかかわりが大切なような気がします。そんなとき一冊の絵本は、親子の絆《きずな》を強く深めてくれるように思います。

忙しくしていても、心のかよいあった親子を応援したい、そして感性豊かな子どもたちの心と、しっかりかかわっていきたいと思っている私です。

［千葉県市川市立市川南保育園］

※コメント

どんなに評価の高い絵本でも、子どもの発達の上から、そのおもしろさが伝わらない場合がある。それは、子どもの絵本体験の量と質にかかわってくる。

読み手の個人的な評価や体験から、かなりの冒険とみえる、グレードの高い絵本でも、予想以上の成果が得られる場合がある。

（K）

こども館で親子が楽しんだ『タンゲくん』

磯部　菊子

❁こども館での親子から見えてくるもの

わたしは千葉県・市川市立こども館の、児童厚生員をしています。一九九五年度から九八年度まで担当した、信篤《しんとく》こども館での絵本体験の実践をまとめてみました。

信篤こども館は、市川市と東京都を結ぶ営団地下鉄・東西線の原木中山《ばらきなかやま》駅のすぐ近くにある公民館の一室を利用した、小さな児童館です。まだ、畑が所々に残る地区ですが、都心に近い便利さからかマンションやアパートが多く、利用者はほとんどが乳幼児の親子です。

「子どもとふたりだけで家にいると、息がつまりそうなんです」

とお母さんたちはよく言います。子どもたちを同年齢の幼児と遊ばせたり、自分も居合わせたお母さんたちとおしゃべりを楽しんだり、職員に育児相談をしたりして一～二時間を過ごして行きます。

利用者の話や様子から、テレビとビデオを駆使した育児が容易に想像できます。テレビの前で静かにしている間に夕飯を作り、食事のしつけや、トイレットトレーニングは、会員になれば月々送られてくるしつけ用ビデオが助けてくれるということです。母親自身がテレビを見て育ち、塾通いで受験を乗りきった世代だからでしょうか、メディアの助けを借りて子育てをすることに、抵抗を感じないのかもしれません。

少年による事件が相次ぎ、言いようのない不安感にさいなまれているお母さんたちは、「先生、うちの子は大丈夫?」「これからどうすればいいの?」と聞きます。

乳幼児期の育て方が思春期に現れるのだと言われ、早期教育に走ったり、原因の分からないいらだちから、感情的に叱りつけてしまう、子育てに楽しさや喜びが見出せないという方もいます。またお母さん自身の育ちの中で、小さい子に接した経験が少なく、子どもとどう接したらよいか分からないという人もいます。

そして、まだまだ子どものことは妻任せの夫が多く、お母さんたちは孤軍奮闘、この子がいなかったらどんなに楽かと、ため息の出てしまうこともあるようです。

❊絵本と読みがたりの原体験

わたしが小学生のとき、図書室で手にした『ちいさいおうち』（バートン文・絵　石井桃子　訳／岩波書店）が、わたしと絵本との最初の出会いだったと思います。短大時代にたまたまこの『ちいさいおうち』と再会し、授業の中でクラスメイトに読んだのが、はじめての読みがたり体験です。その時、声を出して読むことと、聞き手がみんな本に集中して聞いてくれることの、気持ちよさを知りました。

その後、保育園保母になり、園の子どもたちとたくさんの本に出会いました。

『ぐりとぐらシリーズ』（中川李枝子　作　大村百合子　絵／福音館書店）『のろまなローラー』（小出正吾　文　山本忠敬　絵／福音館書店）『猫は生きている』（早乙女勝元　作　田島征三　絵／理論社）等など、たくさんあります。ここで絵本を読みがたるということは、子どもと同じお話の世界を体験し、ともに「あそぶ」ということだと気づきました。

『ちいさいおうち』（岩波書店）

そのことはわたし自身の子育ての中でも確かめることができました。共働きのあわただしい毎日の中で、夜、蒲団に入ってからわが子とひとつの絵に見入り、同じお話に浸る。この至福の喜びは忘れることができません。

『ひとまねこざる』（レイ　文・絵　光吉夏弥　訳／岩波書店）『もりのなか』（エッツ　文・絵　まさきるりこ　訳／福音館書店）『おしいれのぼうけん』（古田足日　作　田畑精一　絵／童心社）『おおきなきがほしい』（さとうさとる　文　むらかみつとむ　絵／偕成社）『だいふくもち』（田島征三　作・絵／福音館書店）等など、息子たちのお気に入りは、必ずごっこあそびになりました。

いまでもそれらの本は、本棚に並んでいます。上の息子はすでに成人していますが、彼が大学受験のとき、絵本を取り出して見ていることがありました。小さいころ楽しんだ絵本が、心をいやしてくれていたのかもしれません。

わが家の子育てについて人に語れることは少ないのですが、むずかしいと言われる思春期も、何とか会話が途切れることなく通りぬけられたのは、きっと親として続けてきたこの絵本の読みがたりが、功を奏しているのだと思います。

❇お母さん方に、子育ての楽しさを！

話を信篤こども館に戻しましょう。前述したいまの親子の状況を真正面からとらえ、信篤こども館では親子で参加できる事業を企画し、実践してきました。

まず一、二歳児向けの「親子であそぼう」を、毎月二回開催しています。参加は基本的には自由で、三、四歳の子どももいっしょに遊ぶときもあります。

色水あそび、新聞紙破り、床に敷きつめた大きな紙へのお絵かき、親子体操や触れ合いあそびなど、家庭の中では経験しにくい、そして大勢で遊ぶととっても楽しい遊びを体験してもらいます。

それから運動会、クリスマス会、まめまき、雛人形作りなど季節的な行事も楽しめるようにしています。

子どもが二歳くらいになると、親子だけで過ごすには、もてあまし気味のお母さんたちが出はじめること、地域的に、小さな子が参加できるサークルや習い事が少ないこともあり、毎回三〇組以上の親子が参加しています。職員はわたしひとりですので、主任児童員や、かつての参加者で、お子さんがすでに幼稚園に行っているお母さんが、ボランティアで補助してくれています。

もう一つは、三歳児向けの「親子クラブ」で、地域の三歳児が登録をし、毎

回同じメンバーが参加します。年ごとに人数が増え、一九九八年度は三〇名以上のクラスが二クラスできました。

内容は「親子であそぼう」に加えて、どろんこあそび、せんたくごっこなど、いろいろな素材にふれて五感を刺激する遊びや、畑でイモや小松菜を育て、収穫してみそ汁を作ったり、焼きイモをします。また近くの神社でかくれんぼをしたり、一駅先にある公園に遠足をしたりもします。

このときお母さんが子どもと手をつなぎ、大声で笑ったり汗を流すことで、子どもとの具体的な接し方を知ることができます。

そして、もちろん「親子であそぼう」「親子クラブ」で大切にしているのが、絵本の読みがたりです。ここでお母さんと子どもは、絵本のおもしろさを知り、家でも絵本の読みがたりがはじまります。絵本というひとつの世界を親子で共有して、その心地よさが、子育ての楽しさを実感させ、わが子を心から愛せるようにさせるのではないでしょうか。そのことが、多くの子どもの幸せにつながると考えています。

❇親子クラブでの読みがたり

親子クラブでは、良書を紹介するという意味をこめて、子どもたちの状態やその日のあそびに会わせて、毎回読みがたりを続けてきました。

三歳児の五月。絵本の読みがたりのスタートの時点では、これまで母親に読んでもらった経験のある子と、ない子の反応差が大きいのですが、二か月もするとほとんどの子が「きょうは、何を読んでくれるかな」と楽しみにしてくれるようになります。子どものころ、絵本を読んでもらった経験がないお母さんも多いのですが、絵本の世界の奥深さを知り、絵本ずきになっていきます。

わが子が集中して見入っている姿を目の当たりにして驚き、刺激されたり、絵本ずきになったわが子にせがまれて、家でも読んであげるようになっていきます。もちろん、以前から読んであげていて、絵本だいすきの親子もたくさんいますが――。

この年度に取り上げた絵本を、何冊か紹介しましょう。

一学期は五月の『おおきなかぶ』（ロシア民話　トルストイ　再話　内田莉莎子　訳　佐藤忠良　画／福音館書店）からスタートして、『はけたよはけたよ』（かんざわとしこ　文　にしまきかやこ　絵／偕成社）など、くり返しが楽しい絵本を毎回一冊づつ。

二学期は季節やその時々の活動にあわせて、『お月さまってどんなあじ？』

『おおきなかぶ』（福音館書店）

（グレイニェク　絵・文　いずみちほこ　訳／セーラー出版）『さつまのおいも』（中川ひろたか　文　村上康成　絵／童心社）『はじめてのおつかい』（筒井頼子　作　林明子　絵／福音館書店）『はこ』（栗山邦正　作・絵／徳間書店）『三びきのやぎのがらがらどん』（北欧民話　ブラウン　絵　せたていじ　訳／福音館書店）など、くり返しの楽しさに加え、ストーリー性のあるものを毎回一、二冊読んできました。

そして三学期には、『うずらちゃんのかくれんぼ』（きもとももこ　作／福音館書店）『ピン・ポン・バス』（竹下文子　作　鈴木まもる　絵／偕成社）『かみさまからのおくりもの』（ひぐちみちこ　著／こぐま社）など、友だちといっしょに声を出して楽しんだり、しっとりとした少し静かな本を提供しました。

❀『タンゲくん』との出会い

最近の子どもたちは、小学生はもちろん、幼児もとても忙しそうです。また、とにかく失敗しないようにと、常に先取り教育に子どもを連れ回すお母さんもいて、こども館主催の親子クラブも、幼稚園準備ととらえている人もいます。人並みに育って欲しい、できれば普通以上にと願うあまり、まわりと違うことを受け入れられず、ありのままのわが子の状態では満足しないようにも見えます。

三歳児親子クラブの子どもたちも、ほとんどが四歳になり、読みがたりへの反応も言葉で返ってくることが多くなってきた一月、『タンゲくん』（片山健　作／福音館書店）を読んでみました。

家族そろってご飯を食べて、食後はトランプ、不自由な（個性の強い）生き物を自然に受け入れることのできるタンゲくんの家庭に、子どもたちはもちろん、お母さんたちにも出会って欲しいと考えたのです。


はじめに、表裏の表紙を一枚にして子どもたちに見せます。そこには、大きく力強く描かれた片目の猫がいて、人間に媚《こ》びることのない毅然とした姿で立って、子どもたちをじっと見つめています。口達者の修ちゃん（四歳）が指さしながら、「わー、トラだー」と叫びます。

その言葉に、あれ？　という表情の子もいれば、異論なしという意味なのか、じっと見つめるだけという子もいます。

「しっぽがながいよー」ゆいちゃん（三歳一〇か月）、

「めがきれてるよー」明日香ちゃん（四歳一〇か月）、

「いたそうだねー」文ちゃん（四歳八か月）と、だんだんその猫の特徴に気

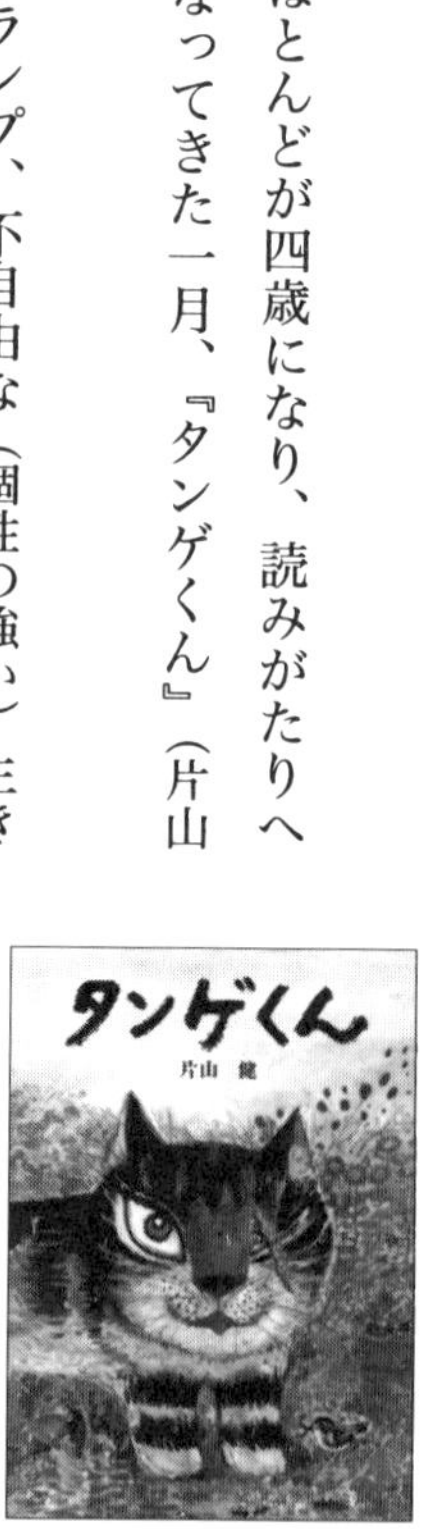

『タンゲくん』（福音館書店）

づいて行きます。

猫のまわりには、小動物や草花が細かく描かれていて、作者の生き物に対するあたたかい愛情が感じられます。そのことが子どもたちにも伝わるのでしょうか、優しい視線で猫のまわりを見ています。

表紙の裏を開けると、表側の色使いとは対照的に、藤色がかったうすい青にクリーム色で線描きされた猫がいて、表紙で強烈な印象を受けただけに、子どもたちはここでひと息ついています。

花が咲き乱れている庭に面した茶の間に、猫がのっそり入って来たところは、威風堂々としていて、野良猫には到底見えません。そして次のページで、あたりまえのように食事中の女の子（わたし）のひざに座るのですが、その時の家族の食事風景がとてもいいのです。ビールをお母さんに注ぐお父さんの顔のやさしそうなこと。

あくる日、お父さんは猫にタンゲくんという名前をつけて、お母さんは目の手当をしてやり、タンゲくんは女の子のうちの猫になりました。このあたりまでは、子どもたちは言葉を発する事もなく真剣に見入っています。

掃除機を怖がるシーンでは、「きっとすいとられるとおもってるんじゃないのー」と、正子ちゃん（四歳一〇か月）が言いました。

外で女の子と出会ったタンゲくんが、電信柱の影にいるところでは、その表情からうかがえるのか、「かくれてるよー」と、絵利ちゃん（四歳四か月）がタンゲくんを指さします。

すかさず明くん（四歳一〇か月）が気づいて、「あっ、でもーしっぽがみえてるのにねー」と言います。

〈だれか　わたしのしらない　よその　おんなのこに　かわれているのかな〉のところと、〈とおいやまのなかで　おくさんやこどもたちと　くらしている〉シーンは、空想の世界らしく、やさしい色使いやタッチの絵がほっとさせるのか、子どもたちの表情が心なしか和んだように見えます。

かわいい女の子に甘えているタンゲくんと、父親らしく頼もしいタンゲくんと、「わたし」に飼われているタンゲくんの表情がはっきり違うのですが、三歳児には気づかないのかもしれません。

それでも、細かく描かれたへびや小鳥、さるには目が行き、指さします。子猫のことを「あかちゃんがいるよ、かわいいねー」と、奈津子ちゃん（四歳八か月）が目を細めます。

どちらかというと、タンゲくんの強烈な個性が描かれている他のページと違い、このやわらかい雰囲気の四ページがあるから、三歳児でも最後まで集中できるのかもしれません。
迫力のあるケンカのシーンから、晩ごはんを食べるところにくると、「ここんとこ、ほら、ちがでてるよ」と、俊くん（四歳七か月）が立って来て、指で示して教えてくれます。
〈ちゃんと　わたしのうえにとびのってまるくなります〉と読むと、「まるくなるってなに」と、すかさず雪ちゃん（四歳）が聞きますが、次のページを見て納得してくれました。そして、幸せそうなタンゲくんと女の子を見て、子どもたちも満足そうな笑顔を見せてくれます。

この本は、三歳児にとってはちょっとグレードが高いかなと思いましたが、作品全体に流れる生き物に対する限りない愛情と、タンゲくんの片目を個性として受け入れる、公平であたたかい家庭の雰囲気は伝わったのではないかと思います。

✽お母さんのメモから

一九九八年度に入ってから、読みがたりの時の子どもの様子や感想などを、お母さんにメモしてもらうようにしました。以下に『タンゲくん』に関連す

るメモを、いくつか載せてみます。

綾美ちゃん（三歳一一か月）のお母さん

――先週タンゲくんを見たからか、家に帰ってからしきりに猫がほしいと言い出した。それほど本の影響力ってすごいんだと思いました。

菜名ちゃん（三歳一〇か月）のお母さん

――タンゲくんを悪い人と言っていました。なぜ？　と聞くと、目が一つないからと言っていました。

奈子ちゃん（三歳八か月）のお母さん

――娘は興味を示しません。あたたかでどんな人でも動物でも、認めていけるような家庭を築けたらいいな、と思ってしまいました。

秀人くん（三歳四か月）のお母さん

――片目がつぶれているタンゲくんの真似をして、手で自分のまぶたをくっつけていた。絵をきちんと見ているんだなと感心した。秀人が左手にハンディがあるせいか、動物でもハンディがある者が登場する本などは、ついわが子に置き換えて見てしまいます。わたしとしては、このような本を取り上げてくれるのはうれしいです。

正太くん（三歳九か月）のお母さん

――タンゲくんは実は、わたしのだいすきな片山健さんの絵本で、正太が二歳ぐらいのときに『こっこさんシリーズ』といっしょに読んだのを思い出しました。

※こども館を読みがたりの発信地に

こども館での絵本読みがたりは、常に親がいっしょに参加することが大きな特徴です。これまで経験のなかったお母さんたちも、ここで初めて、読みがたられる絵本に出会って、絵本の魅力に気づき、子どもといっしょに絵本がだいすきになっていく絶好のチャンスを得ます。

わが子と一冊の絵本を通してつながることの気持ちよさと、絵本という共通の世界で遊ぶことの楽しさを知ったお母さんたちは、家庭でも読みがたりに取り組むようになります。

積極的なお母さんたちは、「この本だいすきの会・信篤《しんとく》支部」を作り、勉強会に取り組んでいます。若いお母さんたちのパワーに、こちらのほうが刺激されてしまいます。

その後、わたしは相之川《あいのかわ》こども館、南八幡《みなみやわた》こども館へと異動になりましたが、ここでも毎日、読みがたりを続けています。小中学生の利用者も多いところですが、子どもたちの話から、家庭でも学校でも、本を読んでもらっている子どもが少ないようです。良い本との出会いに遅すぎるということは、けっしてありません。さまざまな機会をとらえ、大きな子どもたちも含めて、本との出会いの場を作っていきたいと思います。

ひとりでも多くの子どもたちが、信頼する大人に読みがたりをしてもらい、安定した親子関係のもとですこやかに成長してくれるようにと願います。そしてこども館が地域の読みがたりの発信基地になるように、これからも取り組んでいきたいと思います。

［千葉県市川市南八幡こども館］

※コメント

絵本は、表紙から始まり、裏表紙で終わる。本文の見開きの絵はもちろん、見返しや扉もじっくり見せ、子どものさまざまな発見を促し、絵の語ることばに耳を傾けさせる。

親子集団で、絵本の読みがたりに出会うことの意味深さが伝わる実践。

（K）

四歳児と『はっぱのおうち』、見つけたよ

田代美香絵

❀読み継がれていく絵本たち

私の絵本との出会いは、やはり幼児期にさかのぼります。父親にも母親にも、たくさんの絵本を読んでもらいました。ベッドの中で寝つく前に、妹といっしょにひざの上で、今でもその場面が鮮明に浮かんできます。

その中で、私のお気に入りだったのが『ちいさいおうち』(バートン　文・絵　石井桃子　訳／岩波書店)『おやすみなさいフランシス』(ホーバン文　ウィリアムズ　絵　まつおかきょうこ　訳／福音館書店)です。何十回、何百回とこの本をひらいたことでしょう。今では、ボロボロになってしまったこの本は、思春期にも社会人になった時にも、そして結婚してからも、幼いころ感じた思いとともに、ずっと私のそばに、心の中にいつづけています。

『おやすみなさいフランシス』(福音館書店)

三歳半、年のはなれた妹が生まれたころ、やきもちをやいていた私のだいすきな時間、親を独占できる時間が、絵本を読んでもらう時だったようです。その後、幼稚園に入園してからは、園にある絵本の部屋の中から、今度は妹といっしょに読んでもらいたい本を選んで借りたりして（月刊で手にする福音館書店の『こどものとも』も楽しみでした）、妹と共に絵本のお話の世界に入り込んでいく楽しさや、心地よさを感じていくようになりました。

おこづかいをためて、妹の誕生日に本屋さんに行き、自分の目で選んだ本をプレゼントしたこともありました。『おばけのバーバパパ』（チゾンとテイラー　作　やましたはるお　訳／偕成社）、『ちいさなきいろいかさ』（森比左志　作　にしまきかやこ　絵／金の星社）などです。私の絵本との出会いは、〝家庭〟を基盤にして、どんどん広がっていったのです。

幼稚園教諭という職業についたことで、今度は自分が語り手となり、たくさんの子どもたちの前での読みがたりを楽しんでいる毎日ですが、自分の両親に読んでもらった本を、いま、目の前の子どもたちが同じように目を輝かせて楽しんでいたり、「この本、だいすきだよ」と何回も何回も「よんで!!」と言う姿を見ると、とっても幸せな気持ちになります。やはり、よい本はいつの時代でも子どもの心にもひびき、そして読み継がれていくものなのでしょう。

『おばけのバーバパパ』（偕成社）

✽集団の中で絵本を読む意味

家庭での読みがたりと違って、幼稚園という集団生活の中ではクラスのお友だちといっしょに、教師の声に耳を傾け、絵に目をむけます。ひとつの場（同じ空間）で同じ時間を共有する仲間がいるのです。この共通体験（絵本体験）の中で、言葉を聞く喜びや楽しさを感じとるようになります。そして、〝自分でイメージを描くこと〟や〝友だちとともに感動した・共感した〟ということが、日常生活の中に言葉や行動で表れて、心のふれあいや遊びへとつながっていきます。

年少組（四歳児）の四月、教師に絵本を読んでもらうことを楽しみにして、子どもたちが少しずつ集まるようになってきます。楽しいという絵本体験が、子どものなにげないやりとりのなかに表れているくることがあります。

✽『おんなじおんなじ』を読んでみると……

入園してからしばらくたち、少しずつ気持ちが安定していくと、まわりにいる友だちを意識しはじめます。そんなころ、みんなで楽しめる単純なおもしろさがある『おんなじおんなじ』（多田ヒロシ　作／こぐま社）を読みました。〝うさぎ〟〝ぶた〟という親しみやすいキャラクターが出てくることや、「おんなじ　おんなじ」という言葉のくり返しのリズムと響きが、楽しく心地よいことからか、子どもたちがスーッとこの本の楽しさに引き込まれてくる感触がありました。

「おんなじ　おんなじ」と、教師といっしょに口ずさむ子が出てきたり、ページをめくるたびに「またおんなじだ」と喜んで手を打つ子、笑いだす子、「次はどうかな？」という顔でみていて、ページがめくれて「またおんなじ」となると、ホッと安心したような表情の子もいました。

この本を読んだすぐ後のことです。麦茶を飲む時に、自分のコップと同じコップを持ってきていた友だちに気づいて、「おんなじ、おんなじ」と言ってほほえみあっている姿をみつけました。

「ほんとうだ。SちゃんとRちゃん、おんなじおんなじ」と教師がくり返して言うと、もう一度「おんなじ　おんなじ」と言い合って、ふたりでうれしそうに隣同士でイスにすわりました。

それを聞いていたKくんも、「先生、ぼくも、おんなじおんなじ」と、自分の園服とすぐヨコにいた友だちの園服を指さして、「みつけたぞ」といった顔

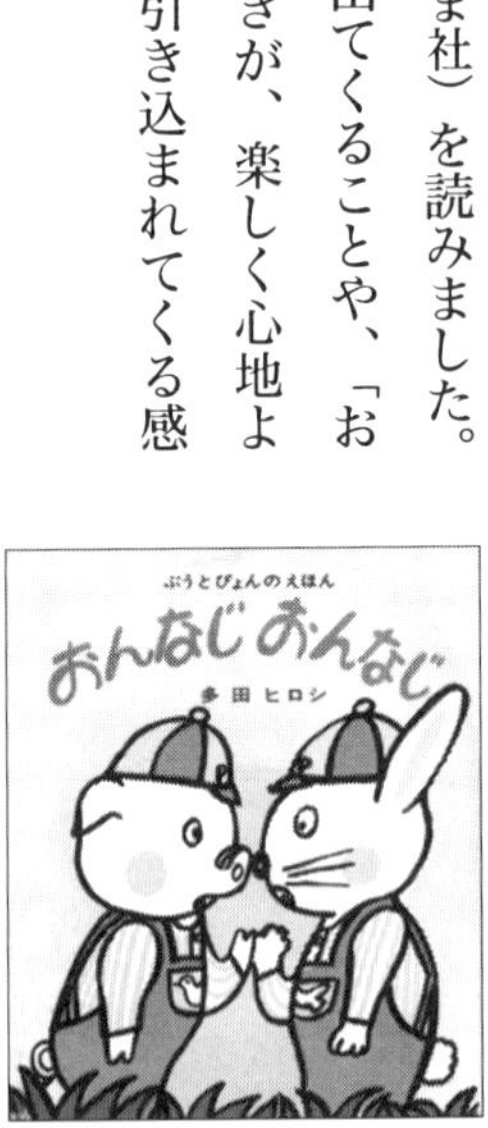

『おんなじおんなじ』（こぐま社）

で言いました。友だちを意識しはじめたこの時期に、「いっしょだね」という思いを、この『おんなじおんなじ』という言葉で表現したことが、友だちとふれあうきっかけとなったのです。

その後も、同じような気づきがあった時に、教師がこの言葉を口ずさんだりしていくと、友だちと同じものを見つけては、「これ、○○ちゃんと、おんなじおんなじ」と言い合うことで、ふれあいを求めていく、言葉のリズムを楽しんでいく姿が、たくさんみられるようになってきました。

クラスのみんなの共通体験である絵本体験が、あそびに生かされたり、友だちと心が通じ合う喜びを感じることへつながっていったりする場面も、多く見られます。

❁『はっぱのおうち』の世界を読む

「何かおもしろそうな本はないかな?」ふと、立ち寄った書店の絵本コーナーで『はっぱのおうち』(征矢清　作　林明子　絵/福音館書店)を見つけました。『はっぱのおうち』という題名にひかれて手にすると、林明子さんの描いた表紙の女の子の表情に、またグッとひきつけられ、一ページずつ開いて読んでいくうちに、クラスの子どもたちの姿が目に浮かんできたのです。

——せまいところや、もぐりこめるところがすきだよなぁ……。みつけることもうまいし……。

——よくしゃがみこんで土をいじったり、地面の上にあるものをいろいろ見つけたりしているよな。

——「カサがなくても、ここなら平気だよ」って木の下で雨宿りしていたことがあったなぁ……。

子ども心をくすぐられたようで、〝子どもたちにこの本と出会わせてあげたい〟〝きっと共感できることがたくさんありそう〟と思い、迷わず購入。六月のある日、年少組（四歳児）四〇人の子どもたちに読んでみました。

「はっぱのおうち」と題名を読んで表紙を見せると、「え〜、はっぱのおうち？」とのけぞるA君。「はっぱのおうちだって……」と、となりの友だちとほほえみ合うYちゃん。「どんなものだろう？」といった子どもたちの期待感が伝わってきました。

「あっ、雨だ」、お話がはじまってからすぐに展開されるこの出来事に、子どもたちも自分が遊んでいるときに、ふいに降ってくる雨を頭に浮かべてい

『はっぱのおうち』（福音館書店）

るようで、すぐに話の中に入り込んでくるのが感じられました。

〈でもへいき。さちには　かくれるおうちがあるから〉〈ほらね、はっぱのやねは　いいやねなの〉と、さちがはっぱのおうちにおさまると「はぁ〜」「わぁ〜」と安心する子。「あ〜これがはっぱのおうちってことか」といったように「あ〜」とうなずいたり、友だちとほほえみ合う子がいました。

そして、K君の「はっぱのおうちだ！」の叫び声に、「そうそう」と、まわりの子も反応する様子が見られ、「はっぱのおうち、いいな〜」のRちゃんの声で「いいな〜」と共感する女の子たちがでてきました。

〈かまきりがさきに　はいっていました〉では、男の子は喜んで「おれもかまきりみつけたことあるよ」の声。女の子は〝さちの言葉と同感〟というように「やだぁ」「こわい」とつぶやく子もいました。そして〈さちのおうちへもんしろちょうがはいってきました〉では、「ちょうちょはかわいいからいれてあげる……」と、さちの思いを代弁しているようでした。

ここがねむしがでてきたあたりから、「かたつむりだ」「かえるもいるよ、ほら、あそこ！」「あり……えさもってる」と、他にも何かいるのではないかと探りだす子が出てきました。

さらに「みえな〜い」「え〜、どこ？」の声が多くなってきたので、ゆっくりじっくりと絵を見せるようにしていきました。ひととき虫さがしが終わると、「はっぱのブツブツ、ぬれてるの?」「雨、だんだんたくさんになってきたよ」と気づく子もでてきました。

〈みーんな　おなじうちの　ひとみたい〉では、さちとおなじようにニコニコと笑みをもらす子や、さちの頭にてんとう虫がとまっているのに気づくと、自分の頭に思わず手をのせてしまう子がいたりして、少しずつさちを自分に置き換えて想像しているような様子が、ふえてきました。

〈ほら、あめがやんだよ。ほんとのおうちへかえろう〉という、ホッとできる結末には安心した様子でした。そして、裏表紙を見せると「いなくなっちゃった……」の声。すると、一番前で食い入るように見ていたS君が「いるよ、まだ……」とかまきりとかたつむりを指さしました。

「おうちにかえらないの?」のつぶやき。それを受けた「だって、かまきりとかたつむりのおうちは　はっぱだもん……」の声に、教師も子どもたちも「そうか……」と納得してしまいました。

❇もう一度絵本を手にして……

クラスで読みがたりした本を教室内の絵本コーナーに置いておくと、もう一度それを手にしている姿がよくみられます。ひとりでじっくりと絵を見ている子、友だちといっしょにページをめくって言葉のやりとりを楽しんでいる子、読んでもらった後の余韻《よいん》を味わっている子、「また読んで」と教師にせがんでくる子、友だち同士で教師のまねをして、〝読みがたりごっこ〟をはじめる子と、さまざまです。

この『はっぱのおうち』も読みがたりの後、もう一度子どもたちが手にとって、じっくりと楽しむ本の一冊になっていきました。読みがたりの時、友だちが気づいていた虫やはっぱのおうちの中の変化を、見えなかったり気づかなかったりした子たちが確認しようとしたり、他にも何かいるのではないかと見つけようとしたり……。そして自分がはっぱのおうちの中にいることを想像して楽しんでいる様子が見られました。

✽はっぱのおうち、見つけたよ！

読みがたりをしてから数日たったある日、「先生、来て！　私、はっぱのおうち見つけたの！」と、Mちゃんが目を輝かせながら、私の手をひっぱって裏庭へ案内してくれました。裏庭のフェンスごしにはあじさいの木が並んで植えてあります。そのまだつぼみがついているあじさいの木と木の間が、ち

ょうどよい空間になっていて、絵本の絵と同じように、葉がまわりをおおっています。

読みがたりの時、登場してくる虫や変化を見つけては、声をあげたり指さしていた子どもたちと違って、じーっと本を見つめながら、幸せそうな笑みをもらしていたMちゃんの顔が浮かんできました。この時、Mちゃんは自分がはっぱのおうちの中にいる主人公の女の子（さち）になった気分だったのでしょう。

「わぁ　ほんとうだ！　先生も入れて！」と、私もMちゃんの見つけたはっぱのおうちに入ってみました。そこには何とも言えない空間・世界がひろがっていました。まさしく、子どもの目の高さに広がるすてきな空間なのです。「大人には絶対に見つけることのできない場所だな」と私は思いました。

入園してから数か月、園に慣れ、園内の探索行動とともに行動範囲が広がってきた時期、また、自分の居心地の良い場所、友だちといっしょにいられる場を探している時期の出来事です。

この絵本を読んでいたことで、この空間を見た時に〝おうち〟というイメージを持てたのでしょう。そして、そこへ自分が実際に入ってその空間に身を置いてみると、外から見た時とはまた違った魅力を感じるとともに、主人公と自分が重なったのではないでしょうか。絵本を見ていた時に自分の中でイメージしていたことが、ここに実現しているのです。そのうれしさ、ワクワクした気持ちがMちゃんの様子から伝わってきました。

❇あそびの世界への広がり

その後、Mちゃんは、友だちのSちゃんとM子ちゃんを連れてきて、ここでのおうちごっこを始めました。同じ絵本体験をしていたクラスの友だちには、すぐ共感してもらえたようです。

ごちそうは足元の土や手の届くところにある草花、そして大きなあじさいの葉はお皿。落ちている木の枝がお箸です。次の日も次の日も、〝はっぱのおうちごっこ〟が続き、あそんでいるうちに出会ったのでしょう。

「ここね、ありさんもとおるし、かたつむりさんもいるんだよ」

と、うれしそうなMちゃんたち。読んでもらった絵本の世界が自分の世界になっていく楽しさを感じているようでした。

「かたつむりのおうち、みつけたよ」

「はっぱのしたに、かくれているんだよ」

「ありさんのぎょうれつにね、ついていったらね、ありのおうち、みつけたんだよ！」

などと、さまざまな発見も生まれてきました。そして、新しい発見があったり、おもしろいあそびをみつけたりするたびに、その場を共有してあそんでいる友だちとのつながりを確かめあっているようでした。

あじさいの花が咲きはじめると、「今度は〝お花のおうち〟になっちゃった……」と大喜び。葉をかってしまうと「〝はげぼうずのおうち〟だね」と大笑い。それでもこの場がお気に入りで、冬が近づき冷たい風が吹き抜けても、段ボールや木の板を探してきて囲いにし、風をしのいだりと、二年間にわたってのあそび場になっていきました。

もちろんこのすてきな場所の情報は、クラスの子どもたち、そして次の学年の子たちにもひろまっていき、時にはあじさいのジュース屋さん、時には秘密の基地、キャンプごっこ、レストランごっこ……と、それぞれのもつイメージの中でのあそび場に変化していきました。

もしMちゃんがこの絵本と出会っていなければ、見つけることのできなかったであろうこのすてきな場所……。「ここであそぶの　だーいすき」と言っていたMちゃん。卒園が近くなったある日、「わたし、はっぱのおうちにもおわかれしなくちゃ」と、ポツリとつぶやいていました。

❀心の栄養そして生きる力となることを願って

「ぼくも、わたしも知っているよ」「先生に読んでもらったもんね」「おもしろかったよね、かわいそうだったよね」

絵本の読みがたりという共通体験が、生活の多くの場面で、友だちとの心のふれあいのきっかけづくりになっていたり、あそびや個々の育ちに生かされたりしていることを、日々の保育の中で感じています。

教師が読みがたりをしたことが、どのように子どもの中に浸透しているか、子どもたちの言葉や動きの一つひとつを、敏感にキャッチできる、教師の心のゆとりをいつも持っていたいと思っています。そして子どもの思いに、今度は教師が共感し受け止めてあげ、それをまた返していくことで、子どものイメージがさらに広がり、心のキャッチボールができていくのだろうと考えます。

その一つひとつが、子どもたち一人ひとりの心の育ちへとつながり、心の栄養となっていくこと、そして生きる力となっていくことを願います。子どもたちに読みがたりができることの幸せを感じながら、これからもさまざまな絵本との出会いを、子どもたちといっしょに大いに楽しんでいきたいと思います。

［千葉県市川市立塩焼幼稚園］

※コメント

子どもが集団で絵本を読んでもらうということは、その世界をともに体験し、喜びを共有すること。

そこから聞くもの同士のつながりが生まれ、いっしょに行動しようとする意志や気力が育つ。

（K）

五歳児と『ロボット・カミイ』の世界をあそぶ

森川　みどり

✽いま保育園で

私の勤務する保育園は地下鉄東西線の沿線、千葉県市川市の住宅地にあります。まわりはマンションが多く、通園している子どもたちのほとんどは核家族です。中には一二時間も、園ですごす子どももおります。

ひと昔前と比べると、フルタイムで働く母親は少なくなってきているようです。父母がテレビっ子世代になっており、テレビやビデオなどの影響は大きく、家庭での読みがたり、親子で絵本を楽しむ姿は少なくなってきていることを感じます。

保育園の中では、生後六か月から就学前までの、さまざまな子どもたちの絵本体験があります。

私のクラスは五歳児、二六名です。四歳児のクラスより楽しんできた絵本は『たろうのおでかけ』（村山桂子 作 堀内誠一 画／福音館書店）『おたまじゃくしの101ちゃん』（かこさとし 文・絵／偕成社）『すてきな三にんぐみ』（アンゲラー 作 いまえよしとも 訳／偕成社）『ソメコとオニ』（斎藤隆介 作 滝平二郎 絵／岩崎書店）『いやいやえん』（中川李枝子 作 大村百合子 絵／福音館書店）『おしいれのぼうけん』（古田足日 作 田畑精一 絵／童心社）などでした。

絵本を読んでいくうちに、

「○○のほん、たのしかったね」「きょうも○○のほんのつづきよんでね」

と答えてくれるようになり、お昼寝前の読みきかせの時間を楽しみに待っていてくれるようになりました。

もちろん私も絵本の時間が楽しみです。

✻『ロボット・カミイ』との出会い

私が『ロボット・カミイ』（古田足日 作 堀内誠一 絵／福音館書店）の〝続き読み〟をはじめたのは五月でした。日頃はなかなか集中しないけんちゃんが、この本には興味を示して、

『ロボット・カミイ』（福音館書店）

「カミイって、おもしろいね」

と、目がひかりました。

カミイは同じ年頃のたけしとようこが作った、段ボールのロボットです。段ボールで作ったはずのカミイが動き出し、たけしたちの園に行き、砂あそびや、劇あそび、庭の石ひろい、お店やさんごっこにも参加します。みんなを守り、車にぶつかりぺっちゃんこになってしまったりと、次つぎ事件をまきおこします。

子どもたちは自分たちの園生活と重ねながら、どんどんとお話に引きこまれていきました。

砂あそびでのカミイは、自分のまわりの砂が足りなくなると、かずおの作った山を横取し、まゆみが作った川をこわします。それでもあやまりもせず、次から次へとやりたい放題のカミイでした。

「カミイみたいなロボットがいたら、おもしろいよね」「やだー、ぜったいに。だってわがままだからこまるよ」「でも、たのしそう」

❀カミイを作ろう！

こうして何度か読んでいくうちに、みんなでカミイを作ってみよう、という事になりました。さっそく段ボール集めをしました。みんなでスーパーに出かけましたが、小さな段ボールしかもらえず……

「たしかあそこのやおやさんには、おおきなはこがいっぱいあったよ」

という、ちーちゃんの提案で段ボール集めもできました。

さっそくロボット作りがはじまりました。

「どれをあたまにしようか?」「こっちのほうが、いいんじゃない」「ねえ、なみだのもとはどうする?」「そうだ! ビーだまいれようよ」「ビーだまなんかいれたら、ほんとに、なきむしロボットになっちゃうんじゃない」

こうして、ゴロゴロとビー玉を入れた、ロボットが完成しました。

日頃は、製作面に消極的なゆう君が、ロボット作りではいきいきとし、手と体をどうつけたらいいか、一生懸命考えていました。

「みんなでつくったカミイ、ほんとうにうごいたらいいね」「そうだね、そしたらたのしいね」「てんじょうにとどきそうなくらい、とびあがったり、おもしろいことしてくれるよ」

「でも、わがままいったりして、たいへんかもね」「すこしなら、がまんできるよ」

カミイごっこは子どもたちが箱の中に入り、動きまわるあそびになりました。「オオカミと八ぴきのこやぎ」ごっこになったり、みんながのれる、チビゾウ作りにも発展しました。

ロボットはボロボロになりながら、八月の末ごろまで何週間もあそびこまれました。

❀カミイの話に入ってくる子どもたち

またクラスで図書館に出かけ、そこでカミイのかみしばいを見つけ、順番に借りてきては楽しみました。くり返し読んでいくうちに、お気に入りの場面もでてきました。

「きょうは、おみせやさんごっこ　よんでね」

と、言ってくるようになりました。

お店屋さんごっこでのカミイは、またもや友だちの積み木を横取りし、とうとう一人グループになってしまいました。カミイはたったひとりで電気屋さんになりました。

「カミイはひとりぼっちで、でんきやさんになってかわいそうだね」「わたし、いっしょにやってあげるのに」

心配していたのは、このころ友だちとのトラブルが多かったよしちゃんで

した。

野原へ花つみに出かけるもも組に、ひとりグループのカミイもついていきました。横断歩道でころんでしまった子どもたちの列に、信号無視のダンプカーが突っ込んできました。腕を広げ、ダンプカーを押しかえそうとしたカミイは、ぺしゃんこになり動かなくなってしまいました。

「カミイってすごいよ!」「しんじゃったの?」「しんでない! いきかえるんだよ」

「これはおはなしなんだから、ほんとうとはちがうんだよ」「カミイってほんとうはいいロボットだったんじゃないかな」「いかないでー」

などと、読んでいくたびに、たくさんの反応がありました。

子どもたちがこのお話の中にどんどん入りこみ、お話が保育園の子どもたちの生活やあそびと結びついていき、どんどん楽しいものになっていきました。

❀『ロボット・カミイ』の魅力

この本は初版から三〇年もたつ本ですが、そんなことを感じさせません。

先日この本の作者の古田足日《たるひ》さんにお会いしました。園の生活を知らない古田さんが、劇あそびや、お店屋さんごっこの様子などをくわしく表現されていることを質問すると、現場の先生たちとの接点をきちんともち、この作品を書かれたことがわかりました。古田さんの子どもを見る目のたしかさ、するどさを感じました。

製作が苦手な子がカミイ作りにいきいきと取り組んでいました。友だちのことを考えたりすることが苦手な子が、カミイの気持ちになって心配する姿がありました。いろいろな面から楽しめた作品でした。

良い作品というのは、子どもたちからいろいろなものを引き出してくれることを、改めて再認識しました。

❀『おっぱいのひみつ』とやっちゃん

やっちゃんは四歳児クラスの中で一番体が大きく力の強い男の子で、クラスでちょっと気になる子でした。友だちとのあそびが長続きせずイライラする日が続いていました。やっちゃんとのかかわりには悩みながら、スキンシップをとることで、少しずつやさしいやっちゃんに変わっていきました。

体が大きいやっちゃんを、おんぶやだっこしているとべったり甘えてきました。だっこしているとおっぱいにさわるやっちゃん、みんながあそぶ間も、しばらくだっこは続きました。

そのころのやっちゃんのおかあさんは、子育てや仕事に追われている様子で、やっちゃんは満たされぬ気持ちでイライラしていたのでしょう。やっちゃんとのスキンシップはしばらく続きましたが、だんだんと保育者にも心をゆるしてくれるようになり、乱暴さも目立たなくなりました。

そんなころ、『おっぱいのひみつ』（柳生弦一郎 作／福音館書店）の本を見つけて読んでみました。「おっぱい」というひびきで、やっちゃんはとてもうれしそうに、声をあげて笑ってくれました。

表紙の大きなおっぱいを見ると「あっ！ おっぱいだ」という、うれしそうな声と笑いがあちこちからひびきます。くすぐったくてたまらないといった、はにかみの笑いです。

「ブラジャーってしってるよ」「おおきいおっぱいだね」「へえーおっぱいのなかって、こんなになってるのか」「ふしぎだね、はじめのおっぱいはえいようもちがうんだって？」

『おっぱいのひみつ』は母乳のしくみや、断面図などもあり、この年齢の子たちでも理解できる絵本です。新しく何かを知ること、知識を得るというのは、子どもたちの心をときめかすものです。ぐいぐい引きこまれる集中力に、子どもたちの生きるエネルギーを感じます。

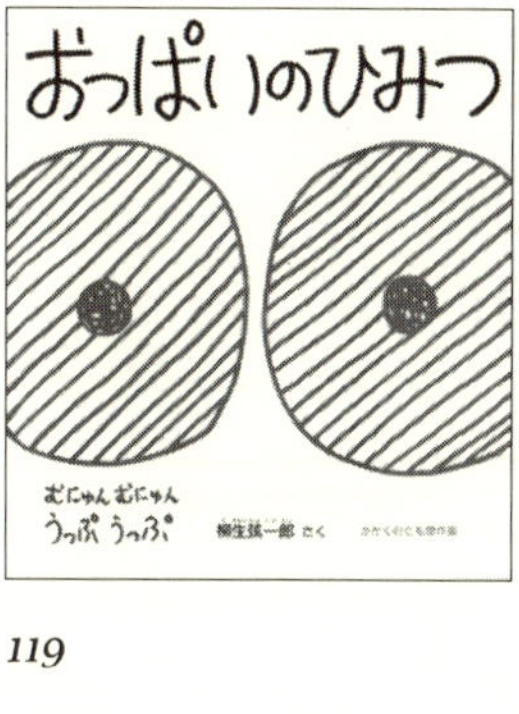

『おっぱいのひみつ』（福音館書店）

この本は子どもたちにとって、ほんの少し前に過ごしてきた赤ちゃん時代のことがよく描かれています。体のことを子どもたちにきちんと伝えたい、という作者の気持ちが感じられます。

絵は黒のアウトラインと数色の色使いのシンプルなものですが、登場人物の表情にユーモラスな味わいがあり、伝えたいものがしっかり伝わってきます。

この本はこのクラスの子どもたちの、だいすきな一冊になりました。

❀保育参観の日に『おっぱいのひみつ』を読む

この本をぜひお母さんたちにも見てほしいと思い、五歳児クラスになった保育参観の日に読んでみました。

「あっ！　おっぱいだ　わあー　おっぱいだ」

というみんなの笑い声。

「ブラジャー　うちのおかあさんしてるよ」

先日、弟が生まれたひろちゃんも
「うちのゆうみたいに　おっぱいのんでる」「そうそうこうやってのむの」

「べたべたのごはんたべてる」「りにゅうしょくっていうんだよね」

という子どもたちの反応。

「子どもが話していたのは、この本ですか」「本を読んでもらったのは、久しぶりだわ」「へえーこんな本があるんですね。ちょっとはずかしいかなーと思ったけれど、むずかしいことにもふれていて、おもしろい本ですね」「母乳のしくみみたいなことをこの間話していたのは、この本からですね」

というお母さんたちの声も聞けました。

絵本のあとは、一人ひとりの生まれた時の様子や、赤ちゃんのころはどんな赤ちゃんだったのか？　をお母さんたちから話してもらいました。

「おっぱいを上手に飲めずに、よく泣いて心配でした」「かわいい女の子が生まれて、お父さんといっしょに喜びました」「赤ちゃんのころはよく病気をして心配しましたが、今はこんなに元気になってよかったです」

などと、それぞれのお母さんがうれしそうに話してくれました。

子どもたちは生まれてきた時の喜びと、お母さんが愛情をもって育ててくれたことなどを、感じてくれたのではないかと思いました。

この本を家に借りて帰った、ゆきちゃんのお父さんより、

「子どもにわかりやすい言葉でかかれており、読み手も聞き手も、楽しむことができました。子どもたちは赤ちゃんがおっぱいにかぶりつくしぐさを、

笑いながら聞いていました。子どもたちと妻とで読む個所を決め、交互に読んでとても楽しんでいました。楽しい本をありがとうございました」

という感想をもらいました。

心があたたまるような光景がうかんできました。ゆきちゃんのお父さんは、子どもたちに読みきかせをしている、がんばりやのお父さんです。こんなお父さんお母さんを応援していきたいです。

✾すてきな絵本とすてきな子どもたちとともに

お話の時間、それは子どもたちが楽しみな時間です。お昼寝前のひととき、手あそびや指あそびをしながら、みんながそろうのを待ちます。どの子もこの静かなひとときを楽しみにまっていてくれます。

これは、と思った絵本を手にして子どもたちの前に立つ時は、胸がどきどきします。子どもたちの食いいるような目と、はじけるような笑いが広がります。この絵本に生命を吹きこんでいるのは私だ、という喜びを感じます。

子どもたちに絵本を読んでいくと、絵本に対する目の高さを感じます。これはと思う絵本に対する集中力は、すごいものです。心に響いてくるものに敏感に反応し、絵本に入りこんで楽しむ子どもたちの表情は、すてきです。

絵本への集中力は、あそびに対する貪欲さにも通じるものだと思います。あそびながら育つ子どもたちにとって、絵本に接することであそびの世界がひろがります。のびやかに絵本を楽しみながら、子どもたちの生活がどんどんと広がっていくのを感じます。

先日、一八年前に卒園した子どもたちとの、再会の場がありました。当時四歳、五歳だったあの子たちが、成人した今も、あのころ読んだ『ももいろのきりん』(中川李枝子　著　中川宗弥　絵／福音館書店)『かにむかし』(木下順二　文　清水崑　絵／岩波書店)などを覚えていてくれました。段ボールのきりんであそんだことや、『かにむかし』の劇あそびをしたことなど、一八年もたつというのに……。

「先生の読んでくれた本、覚えていますよ」

うれしい再会でした。

子どもたちと私の心を響き合わせてくれた絵本体験。保育園の子どもたちに出会うことによって得られた絵本体験は、私の宝物です。

[千葉県市川市立塩焼第二保育園]

※コメント

童話でも、絵本以上に想像力をかきたてる作品がある。この時期、そのような童話や、体のしくみ、生き物の生活など身近な問題を描いた「科学読みもの」への興味・関心が、一段と強くなる。

(K)

「図書」の時間に読んだ『かもさんおとおり』

丸野　恵子

❀図書室での子どもたちとのかかわり

千葉県市川市には、小学校の図書室に学校司書か読書指導員のどちらかが配置されており、私はいま読書指導員として、非常勤で原則的に週三日間、市立大町小学校に勤務しています。

大町小学校は、市川市の北部にあり、まわりを野山や梨畑に囲まれた自然いっぱいの小学校です。全校で一〇学級という小さな学校ですが、各クラスに週一回、時間割りに組み込まれている「図書」の時間に、絵本や童話の読みがたりを実践しています。

行事や季節に関連した内容の本を読んだり、紹介したりするほか、「なにかおもしろい本ない？」といってくる子が、どんな本を求めているのかを引きだして、いっしょに見つけたり、調べ学習に必要な本を調達するなどの仕事をしています。

どの学年の子も絵本や童話がだいすきで、読みがたりの時間を楽しみにしてくれており、とくに低学年のクラスではくり返しや、リズミカルなことばを読み手といっしょに言ったり身体を動かしたりと、反応も多く見られます。しかしどちらかというと楽しい内容、おもしろい内容のほうを喜び、しっとりとした情感に訴える内容には、とっぷりと浸れないように感じています。

現代の風潮で、ビデオやテレビなど劇画調のものや、より刺激の強いものに囲まれているためでしょうか？

子どものころに見たり聞いたり触れたりすることは、心の奥底にずっと貯め込まれていくものだと思います。直接に体験することはもちろん大切ですが、絵本や童話で体験する心の栄養が、やがて宝物となっていくことを私は信じています。

殺伐とした事件や出来事が多い今だからこそ、子どもたちには、心あたたまるものに出会ってほしいと思うのです。絵本や童話を聞いて、楽しかった、おもしろかった、心が和んだ、あたたかくなったという思い出をたくさん作ってほしいのです。

※『かもさんおとおり』との再会

今回取り上げた『かもさんおとおり』（マックロスキー　文・絵　わたなべしげお　訳／福音館書店）に、はじめて出会ったのは二〇年ほど前です。決して派手ではないセピア色の色調の絵、簡潔明瞭な文章が印象的だったのを覚えています。その当時は、この絵本をこんなに好きになるとは思いませんでした。

かものマラードさん夫婦は、巣作りの場所を苦労して探し、やっと川の中州に決めました。おまわりさんのマイケルさんとも仲よくなり、毎日会いにいってはピーナッツをもらいます。マラードおくさんは、たまごを八個生み、一生懸命温めていました。

ある日たまごがわれて、子がもたちが出てきました。かもさん夫婦は大喜びです。マラードさんは、一週間後に公園で待っていると約束して、川の様子を調べにいき、マラードおくさんは子がもたちを育てながら、いろいろなことを教えました。

ある朝マラードおくさんは、子がもたちを連れてお引っ越しをします。大通りでは、おまわりさんのマイケルさんの交通整理のおかげで、渡ることができ

『かもさんおとおり』（福音館書店）

ました。かもの行列は町の中を通り、十字路でも、本署からきたおまわりさんに交通止めをしてもらって、無事マラードさんの待つ公園に着くことができたのです。

しばらくぶりに絵本を開くと、なつかしくも新鮮な気持ちがしました。私自身が結婚して子どもを生み育てる経験をしたことで、当時はさらりと受け流した、かもさん夫婦の子育ての大変さと喜びを、自分と重ね合わせて感じたのかもしれません。そしてこの絵本をぜひ、大町小学校の子どもたちに見せてあげたいと思いました。

❀『かもさんおとおり』と子どもたち

この本は、三月～五月の期間に、一年生～四年生に読みがたりをしました。以下、場面ごとの子どもたちの様子をみたいと思います。

表紙。マックロスキーという作者の名前に興味をもったのは、もうすぐ三年生に進級する二年生です。「まっくろ？」「すき？」「おとおりだって」などと、ワクワクして見ています。かもさん夫婦が巣作りの場をいろいろ考えているとき、きつねやかめが出てくるのでは、と心配している子がいるかと思えば、心配しすぎだよとなだめる子もいます。

またこのクラスは、三年生に進級した五月はじめにもう一度読んだのですが、子がもたちがうまれて、マラードおくさんの胸がはち切れそうなほどふくらんでいることに気づいて「むねがすごーいふくらんでる」という子がいました。二年生のときにはサラッととおり過ぎた場面でした。

〈はじめに生まれてきたのがジャックです。それからカック、それからラック、つづいてマックにナックにウァックにパックにクァックです〉と読むと、愉快でリズミカルな名前にどの学年の子たちも大喜び。「ジャックー！カックー！　ラック！　マック！　ナック！　ウァック！　パック！　クァック！」と読み手の後に復唱します。「おもしろい名前だね」「みんなクがつくよ」

マラードおくさんが子がもたちにもぐりかたを教えている場面では、愛らしい子がもの表情を見て「もぐってるよー」（一年生）「はえをみつけてる」「せのびしてる」「はえじゃないよ。はちだよ」「おかあさんをみてるよ」（三年生）などの言葉が出ていました。

かもの親子が一列に並んで泳ぐところでは、「でんしゃみたい」と一年生。

一番最後のかもが後ろを向いているのを見て、「遅れちゃうよ」と心配していたのは、三年生です。また道路を渡る場面では、一年生が「だいじょうぶ？」「車にぶつからない？」。進級前の二年生は、「ひかれるぞー」「ひかれないよ」「とんでいけばいい」「とんでいけないよ」と心配していました。

親子のかもが、ぐぁっぐぁっと鳴くと、鳴き声を真似して大騒ぎ。とくに一年生は口ぐちにいってもう夢中です。そのうちに、げぇーと鳴いているかもを見つけると「げぇーだって」「どこ？」「ほんとだ。げぇー」とさらに盛り上がります。

たいへんな騒ぎになって、おまわりさんのマイケルさんが登場すると車の音を出す子、笛の真似をする子、かもの声の子が入り乱れて、本当に大騒ぎです。読み手もなかなか次のページにいけませんでした。

マイケルさんが車を停めると、それまでの騒ぎから一転、水を打ったように静まる子どもたち。この大騒ぎから静への転換は、どの学年にも共通していました。

かもの親子が、チャールズ通りに入り〈ジャックとカックとラックとマックとナックとウァックとパックとクァックがずらりと――〉では、読み手のリズムに合わせて、頭をうなずかせて聞いている子や、小さな声で名前をつぶやいている子もいました。ここでは「一匹だけ遅れているよ。最後の赤ちゃんが」「げぇーって鳴いた子かな?」「クァックかもしれないよ」と分析していたのは、四年生でした。

マラードおくさんがからだをふりふり、かもあるきをすると「おっぱいおおきいねー」とふくらんだ胸を見ていったのは一年生。このあと〈かものおやこがまっすぐこうえんにはいっていきました〉というと、ハァーとひと息ついて隣の子と顔を見合わせて「ながかったねー」「つかれたかな」とつぶやきました。

また四年生のクラスでは、かもの親子が並んで歩くのに合わせて、この場面にぴったりな曲をユーモラスに口ずさみ、座ったまま手を腰に当てておしりで右半身、左半身を持ち上げて調子を取っている子がいました。三年生は、おしりをあげて上体を揺らしたり、ぐあぐあと鳴き真似をしながら左右に動く子などがみられました。

公園の島で〈やくそくどおりマラードさんがまっていました〉と読むと「えっどこどこ?」「いたいた!」と前に出てきて、指をさして確かめる子が何人もいました。「良かったね」「お父さんに会えたね」と素直に感情を表すのは一年生です。

最後の夕暮れの場面、かも一家の平穏であたたかな家族の生活の営みを見ると心の安らぎ、平和を感じます。子どもたちにはほっとした表情や満足げな表情が表れていました。

❇読みがたり後の子どもたち

この物語の舞台、アメリカのボストンの地図が一番後に出てくるのですが、この地図に興味を示した子たちもいました。

進級したばかりの二年生の男子S君は、おとうさんのマラードさんが、どうやって公園の島までいったのかが納得できないようでした。以下は地図を見ながら、S君がまわりの子たちから意見を聞いているときのやりとりです。

S　マラードさんはどうやっていったの？
A　先にいっちゃったんだよ、泳いで。
S　でも泳いでいけないよ。(川と公園の池は) つながってないもん。
B　飛んでいったんじゃない？
S　飛べないはずだよ。羽が生え変わっていないんだから。
(羽がすっかり生え揃うまで飛べないと文中にあったのを覚えている)

C　マラードおくさんだけだよ、ぬけたのは。
D　ちがうよ。ふたりともだよ。
指導員　羽が生え変わる場面を読む。〈マラードさんふうふのからだのはねがはえかわりはじめました〉、二羽とも生え変わったんだね。
B　やっぱり（マラードさんは）飛んでいったんだ。
S　じゃあ、なんでマラードおくさんは飛んでいかなかったんだろう？
D　赤ちゃんがいるからだよ。赤ちゃんはまだ飛べないもん。
S　そうか――。（それでわかったという表情）

また三年に進級直前の二年生は、地図で巣作りの場所を確認しあったり、「こうやって歩いていったんだー」と指で地図をたどっていました。

このクラスでは他の子が去った後、「みせて」と絵本をはじめから開いては、絵をくいいるようにみはじめた子がいました。読みがたり中は一言も話さずじっと絵本を見つめていたのです。ひとりでひとしきりみると満足したように絵本を閉じたのが印象的でした。

三年生は男子数人が寄ってきて、かもの親子のルートを確かめています。最初にマラードさん夫婦がいろいろ飛んで回ったところも確認しました。

四年生は地図を見て「ずいぶん遠いのにたくさん歩いたんだろうね」「何時間もかかるよ」と時間的なことまで考えがいっていました。

三年生のもう一つのクラスでは、読みがたりが終わるとどこからともなくかもの鳴き真似がはじまり、立ち上がりながらかも歩きで、「ぐぁっぐぁっぐぁっ」と騒ぎだしました。図書室は、かもだらけになってしまったのです。

クラスによっては、反応の違いや、興味を持つ場面の違いもありましたが、かもの親子になったように大声で鳴き真似をしたり、身体で動作を付けたり、地図をかこんで意見をいいあったりする姿が、何よりこの本の魅力を物語っていると思います。

✽一人ひとりの絵本の楽しみと図書室

絵本の楽しみ方は本当に一人ひとり違うものだと思います。クラスを前にして一冊の絵本を読みがたりしたとしても、その楽しさ、おもしろさ、喜びの度合いは、それぞれの子の受け取り方で違います。

友だちといっしょになって言葉を返す子もいれば、じっと見入って静かに聞くだけの子もいますし、みんながいなくなってからひとりで本をめくって満足する子もいるのです。

またAちゃんに楽しかった絵本が、Bちゃんにも楽しいとは限りませんし、一組で人気のない絵本が、二組には大人気ということもあるのです。

この実践中には、こんなこともありました。はじめのほうの場面で〈かもさんふうふはもうとんでいられないほどつかれていました〉というと、すかさず「そして羽がちぎれて死んでしまいました」と、おもしろおかしそうに茶化してみたり、中盤マラードさんがおくさんに子がもを託して〈一しゅうかんたったら　こうえんで　まってるからな〉というと「なんていっちゃって、このままいなくなっちゃうんじゃないの？」と言葉をはさむ子もいるのです。

友だちとの会話の中でも、いわゆる「ツッコミ」的な受け答えが日常化しているとでもいうのでしょうか。何回かこんなことがあると、慣れてきてさりげなくかわすこともできるようになりましたが、最初は面喰らったものです。おもしろおかしくいうことで、注目されたい気持ちもあったのかもしれません。

いろいろな絵本を読みがたりしていくうちに、その子たちのすきな系統の本も分かってきて、本選びの参考にしました。反応も自然なものに変わってきたのが、うれしい変容でした。

この『かもさんおとおり』は、親の愛情や家族の絆《きずな》を声高に押しつけることなく、ほのぼのとしたあたたかさ、心地よさ、ぬくもりを受け止められる絵本だと思います。マイケルさんをはじめ、おまわりさんたちのかも親子に対する思いやりにも、ほっとさせられて気持ちがなごみます。

家庭のかたちはさまざまで、何らかの理由で家族が離れて暮らすようになることもあります。父も母もそろっていることだけが幸せの条件ではないけれど、このようなあたたかい物語には、いつの時代にもふれさせていきたいものです。

今日も図書室にはいろいろな子どもたちが、顔を出してくれます。休み時間にくる常連さんたちのほかに、たまにフラッと寄っていく子もいます。これからも図書室が居心地のいい場所、楽しいと思える空間であるように環境を整え、その子のとっておきの一冊に出会えるように、子どもたちとの触れ合いを大切にしていきたいと願っています。

〔千葉県市川市立大町小学校・読書指導員〕

※コメント

小学生になると、絵本の絵の細かな部分に強い興味・関心をもったり、ことば表現のおもしろさや巧みさに気づいたりする。

また、話の展開に納得したり、疑問を持ったりする。そして、それらがすべて、学年によって微妙に違うのもおもしろい。

（K）

お父さんもいっしょ
――わが家の読みがたり体験記

櫻井祐子

✽子どもの言葉に驚いて

四歳三か月だった息子の大輝《だいき》が「読んで」と言った一冊に『せかいいちうつくしいぼくの村』（小林豊　作・絵／ポプラ社）があります。友人の紹介で知ったこの本を私が読んでいると、興味を示しはじめ、難しいのはわかっていたものの、リクエストに応えて読んでみました。すると何日も何日も、「読んで」と言いにきました。

この本は、アフガニスタンの内戦前のある村の家族と生活が描かれています。最後のページには、戦争によって村が破壊されたことが語られている絵本です。どこまで理解したのかよくわからないまま一か月がすぎたころ、続編である『ぼくの村にサーカスがきた』（ポプラ社）に出会いました。読みながら、

『せかいいちうつくしいぼくの村』（ポプラ社）

「あの時買った羊がいる」と、『せかいいち……』に出てきた羊を絵の中に見つけて喜んでいました。

四歳六か月のことです。大輝は『スイミー』（レオニ　作　谷川俊太郎　訳／好学社）が気に入り、レオ・レオニの絵本を図書館で何冊か選びました。その中に『あいうえおのき』（レオニ　作　谷川俊太郎　訳／好学社）がありました。

力をあわせて文章になった文字「ちきゅうに　へいわを　すべての　ひとびとに　やさしさを　せんそうは　もう　まっぴら」を読むと、「せんそうって大ちゃん知ってる！　ほら、さくらんぼ売りに行ったとき、足のなくなった人が買いに来たよ。あの人が行ったとこだよね」と言い出しました。『せかいいち……』のことです。大輝なりの〝せんそう〟という言葉の理解に驚かされました。

そのあとに、テレビから流れるオカリナ奏者の宗次郎の演奏を聞きながら、「ミラドの笛の音は、きっとこんな音だよ」と言いました。『ぼくの村に……』の〝心をしめつけるような音〟という言葉から、音までもイメージしていたのでした。

そんな大輝の言葉を聞いて、「読みがたり」についていろいろ考えるようになりました。

『あいうえおのき』（好学社）

❉読みがたりをはじめたきっかけ

大輝に読みがたりをはじめたのは、生後一〇か月ごろで、私の母が見つけてきた『きんぎょがにげた』（五味太郎　作／福音館書店）が最初だったのを覚えています。初めて読んで、きんぎょを全部指で押さえたと家族で喜びました。その後出会ったのが『ノンタンシリーズ』（おおともやすおみ・さちこ作・絵／偕成社）でくり返しくり返し読まされました。その中に出てくる歌は、勝手に曲を付けて歌うと、とても喜びました。

同じ本をくり返し読むことが苦痛にならなかったのは、やはり私自身が小学校の高学年まで、母に読みきかせをしてもらっていたことと、大学時代に出会った恩師の授業を受けた時に、子どもが生まれたら本を読もうと決めたことがあったからだと思います。

読みはじめて数か月後に保育園に預けて働きましたが、毎晩のように絵本を開いていていました。『こどものとも』のバックナンバーが実家にあり、まだ一歳半の大輝に読んでいました。全くグレードのあってない絵本を読む私、わけもわからず聞いていた息子、今考えるとただ、いっしょにいる時間が楽しかったのだろうと思います。

『きんぎょがにげた』（福音館書店）

保育園では『ねないこだれだ』（せなけいこ　作・絵／福音館書店）がお気に入りで、先生が作ってくれた〝ねないこだれだかるた〟を喜んでいたこと、二歳になると、絵本の登場人物になりきって踊る（先生がキーボードで絵本の言葉に曲をつけたもの）など、集団の中で、すてきな絵本体験が出来ました。そんな先生に出会えたことも、絵本がだいすきになるきっかけになったのだと思います。

絵本を読んでいて、いろいろなことを言っている大輝の言葉に耳を傾けられるようになったのは、私が二男の出産のために仕事をやめ、一年くらいたったころで、自分自身の中に心の余裕が出来た時期だったような気がします。それから絵本選びのことが気になったり、読みがたりのすばらしさを実感するようになってきました。そのころから、私自身が寝る前の読みがたりタイムが、楽しくて楽しくて夢中になっていきました。

✽二男・駿也への読みがたり

読みがたりの楽しさを感じはじめた私は、二男の駿也《しゅんや》にも一歳前から読みはじめました。福音館書店の『こどものとも　012』が発刊二年目だったことから、毎月の配本に加え、そのバックナンバーを図書館で借りてきた

『ねないこだれだ』（福音館書店）

り、気に入ると取り寄せたりしながら読みました。そのなかの『てんてんてん』（わかやましずこ　作・絵／福音館書店）はとくに気に入った絵本です。

一歳半くらいになって、歩くのが上手になると、よくてんとう虫やかたつむりを見つけては、「いた！」と教えてくれました。二歳ごろにすきになった本が『ごきげんななめのてんとうむし』（カール　作　もりひさし　訳／偕成社）だったのには驚きでした。気に入ると何日も何日も読み続けました。

長男の大輝に選んだ絵本のはずが、駿也がすきになることもありました。『おおきいトンとちいさいポン』（いわむらかずお　作・絵／偕成社）を読んでいると、各ページにでてくる〝葉〟の絵を指で押さえ、「はっぱ」、「はっぱ」と言い出しました。小さなトンボやバッタまで指で押さえ、お話の内容とは違う部分で楽しんでいました。

そのころの季節が秋、お兄ちゃんの幼稚園の送り迎えの道路に落ち葉がたくさん落ちていて、毎日のように、「はっぱ」と言いながら落ち葉を拾っていました。

また、長男が『ひとまねこざるシリーズ』（レイ　文・絵　光吉夏弥　訳／岩波書店）を毎日のように読んでいるそばでは、ページをめくるたびに「じょーじね」と主人公のじょーじの絵を指で押さえ、私に確認するようなしぐさが

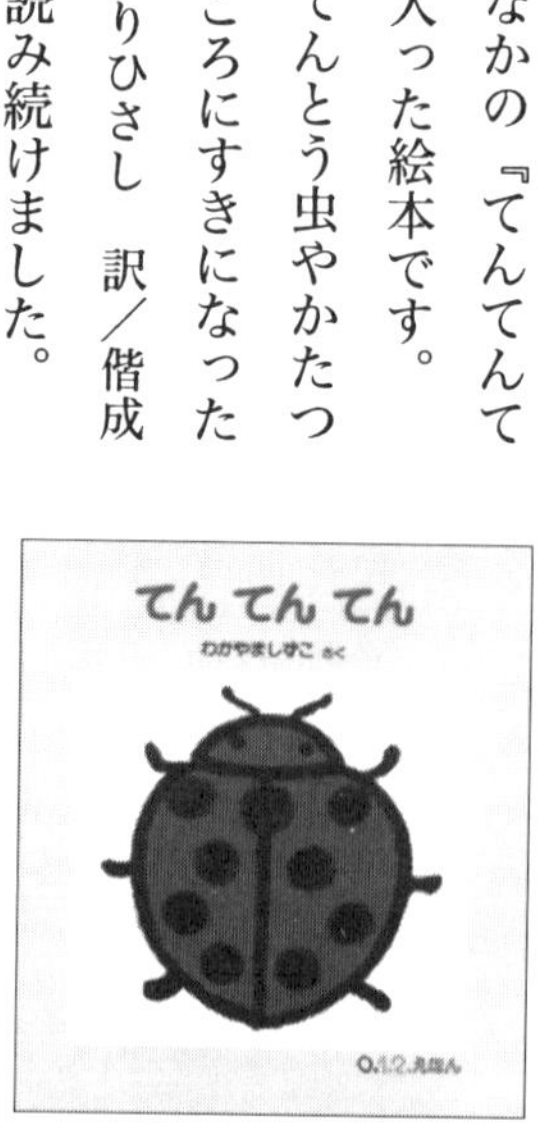

『てんてんてん』（福音館書店）

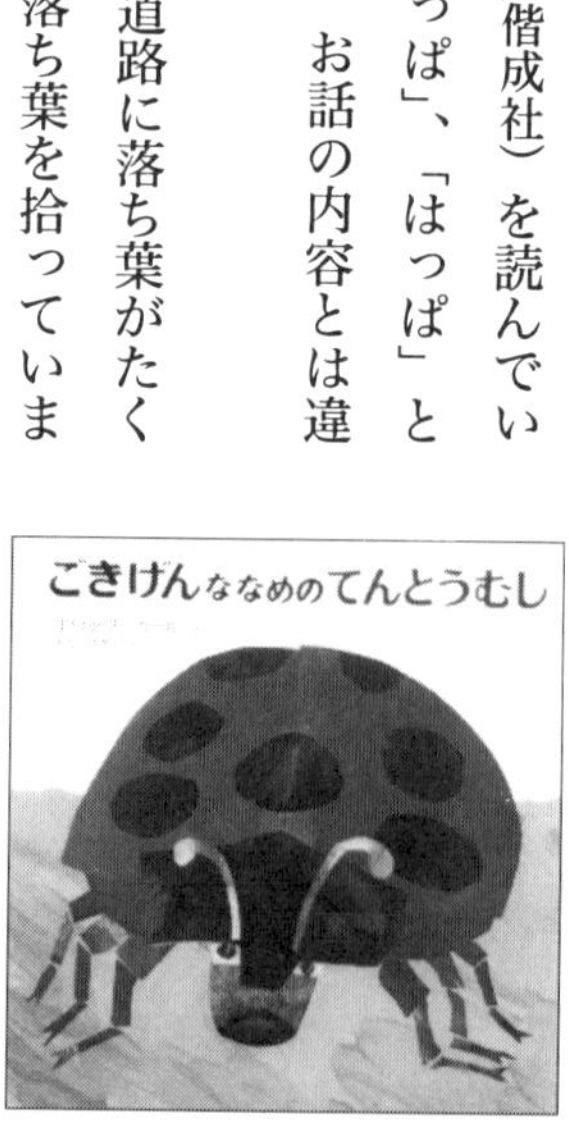

『ごきげんななめのてんとうむし』（偕成社）

みられました。成長するにつれて、長男の絵本を読むときに邪魔をすることもあったのですが、そんな参加を「そうね」と答えているうちに、ふたりのそれぞれの絵本や子どもの本を読めるようになっていきました。

そんな中で、実体験と絵本の中の体験が一致したときの喜ぶ姿がたくさん見られ、くり返し読むことで、毎回違った部分を吸収していることを教えてくれました。

✻父親の読みがたりへの参加

「大輝が絵本読んでいて、こんなこといったよ！」という私の報告に、夫は親ばかぶりを発揮してほめてはくれるものの、絵本を読んであげることは、ほとんどありませんでした。読んでとお願いすると、「なんで俺が読むんだ！」といわれたりしました。

夫は会社員で、毎日決まった時刻に出かけますが、定時に終わることはなかなかありません。休日には趣味の野球や釣りなどを楽しむアウトドア派です。子どもたちとも遊んでくれますが、絵本はしょうがなく読んであげている程度、「お母さんに読んでもらって」と読まないこともありました。

そんなわが家の空気が変わったのは、二男の駿也が一歳半のころ、お兄ち

『おおきいトンとちいさいポン』（偕成社）

『ひとまねこざる』（岩波書店）

ゃんの絵本タイムの邪魔が始まったころでした。まだ、赤ちゃんのうちは寝ているることが多く、長男が寝る前の読みがたりはなんとか続けられていました。長男もその時間が唯一、お母さんを独占できる時間と思っていたのでしょう。普段、あまり怒り出すことのなかった長男が、次第に二男に対して冷たくするようになりました。

そんな状況をかかえて、私は夫にSOSを出しました。仕事から早く戻った日には、「お父さんは駿也に読んでね」と、大輝にたくさんの絵本を渡されました。その後「今日は、お父さんに読んでほしい」と言う大輝にせがまれて、ひんぱんに絵本を開くようになりました。

そんな中、父親自身が『だるまちゃんとかみなりちゃん』（加古里子 作・絵／福音館書店）を読んだあとに、絵に見覚えがあると見直したりすることがありました。『エルマーのぼうけん』（R・Sガネット 作 R・Cガネット 絵 わたなべしげお 訳／福音館書店）の、「さいにあう」というところを読むことになった時には、読んでから「この本、とらにチューインガムあげて逃げた話か？」と私に聞いてきました。この本を子どものころに自分が読んだことをすっかり忘れていたのに、子どもに読むうちに内容を思い出していたのです。

『エルマーのぼうけん』（福音館書店）

そんなことが重なって、子どもが「読んで」ともっていった時には「どれどれ」と読みはじめるようになり、大輝はおもしろかった本は、「お父さんにも教えてあげよう」と夫のところに持っていったりして、家族共通の話題の本が、たくさん生まれるようになりました。

また、夫が読むほうがおもしろいものが出てきて、「お父さんが読んでくれるならこの絵本がいい」と息子二人が、私の場合と別の本選びをするようになりました。

✽『3びきのかわいいオオカミ』との出会い

五歳五か月（幼稚園・年中組）になった大輝は、気に入った絵本は何度でも読んでという子でした。何度も読んだ絵本の多くは、くり返しがあるもので、絵本のくり返しを、機嫌のいいときに、遊びの中で口ずさんでいました。

『3びきのかわいいオオカミ』（トリビザス　文　オクセンバリー　絵　こだま　ともこ　訳／冨山房）を私自身が知った時、『3びきのこぶた』をもじったユーモア、奇想天外な話の進み方、くり返しの心地よさに加え、読み終わったあとの充実感があり、きっと大輝が気に入るだろうと思いました。

さて、寝る前の読みがたりの時間、この絵本をはじめて読むことになりま

『3びきのかわいいオオカミ』（冨山房）

した。お話が進むにつれて、少し固い表情になり、ひとことも聞きのがさないぞという態度、絵はほとんど見ないで、私の顔に集中していました。

オオカミの建てたコンクリートの家をこわそうと、悪ブタが電気ドリルを持ち出すと、「あーあ」と嘆き、気分はすっかりかわいいオオカミになりきっていました。世界一丈夫で安全な家を、ドッカーンとダイナマイトで吹きとばされると、「だめだよ。もっと丈夫な家を作らないと」と叫んでいました。

花の家を作りはじめたところでは、「だめ、だめ、花の家じゃだめだよ」とあきらめ気分。ブタがタンブリンで踊り出すと、絵本のオオカミと同じまん丸の目をして、「へぇっ」と言いながら、肩の力を抜いてきました。

読んだ翌日の朝、幼稚園に行きながら、「ぼくたちのぴんぴんのひげがいやだっていってるもん」と、くり返し出てきた言葉をニヤニヤしながら言い、その夜も「読んで」と言われ、読みました。

二回目で結末を知っているせいか、緊張はありません。本のとびらをみて、「コンクリートをくれたビーバーだね」と言い出し、悪ブタの表情を指差したりしながら、楽しんでいました。また、次の日も読み、三日間この絵本の虜《とりこ》になりました。

その二週間後に、「お父さん、この本おもしろいよ」と父親に読んでもらっていました。読み終わったあと「おおかみいちごって食べてみたいね。どんなんだろ?」と大輝。はじめて読んだ父親といっしょに、もう一度本の絵を見直し、「ダイナマイトは、やりすぎだよな」と夫がいい、逃げるオオカミのしっぽが足の間に入っているのをさして、「犬って、怖いとしっぽを中にいれるんだよ」と話していました。

家族ぐるみで楽しんだこの絵本は、わが家共通の話題の絵本になりました。

その後、お風呂の中での会話です。

私「大ちゃん、『3びきのかわいいオオカミ』を、はじめて読んだとき、オオカミの気持ちになってたでしょ?」

大輝「そう、ぼくはね、二番目のオオカミなんだ。」

私「どうして?」

大輝「一番目はお父さん、大きいから。二番目は大ちゃん。三番目は駿也なんだよ」

私「へぇー」

となると、〈私は、悪ブタ?〉と思ってしまうのは、考えすぎでしょうか。

❃子どもたちとともに

大輝が六歳、駿也が三歳の秋のことです。近所に住む夫の母の家の庭で、めすのオオカマキリがおすのオオカマキリを食べているところに出会いました。夫は、「『ちがうのどれかな』だな」といい、私を含めて三人でにっこり笑ってうなずきました。オオカマキリが出てきた『こどものとも年少版　ちがうのどれかな』（得田之久　作・絵／福音館書店）を駿也に読んだばかりで、絵本の中の体験を家族で体験した瞬間です。「卵、うむぞ！」という夫の言葉に、子どもたちと観察ケースで飼うことを決め、そのカマキリの子どもたちの誕生を、家族で見守りました。

三歳六か月の駿也に三か月間せがまれて読んだ本は、『ロボット・カミイ』（古田足日　作　堀内誠一　絵／福音館書店）でした。その四か月後に、また読みたいといい出しました。その後、兄弟で空箱を利用して〝カミイ〟を作りました。そんな姿を見つめ、涙が出るほどうれしくなりました。そして、出来上がった〝カミイ〟を見た父親が、「〝なみだのもと〟は入れたのか？」と聞いたのです。子どもたちはうれしそうに「入れたよ！」と答えました。

毎晩子どもと出会う絵本やお話は、読み手の母親や父親をも巻き込んで、楽しい気持ちにさせてくれます。子どもに教えられながら、子どもの気持ちに近づき、寄り添うことが自然にできることのように思います。

絵本の世界に親子で浸れたことの記憶は、体の中のどこか奥に刻み込まれるものではないかと、私自身の経験から思うようになりました。心地よい幸せな記憶が甦ることが、生きる力になるような、そんな気がして子育ての心の支えになっています。

子どもといっしょに何かを体験することの大切さも、絵本や子どもの本の世界をいっしょに楽しむことで学びました。

長男は、幼稚園や学校で読みがたりをしてくださる先生方と出会い、その本やそのときのことをうれしそうに話してくれるようになりました。そんな報告を聞きながら、共通の話題の中に絵本や子どもの本があることの喜びを感じます。また、人との出会いも新しい絵本や子どもの本との世界を広げてくれることを、息子たちの成長を通して感じるようになりました。

読みがたりは子どもだけではなく、語ることによって、親として、大人として、成長させてくれるものではないかと思えます。

これからも、親として、大人として、読みがたりを続けていきたいと思っています。

［主婦・東京都中野区在住］

※コメント

家庭での読みがたりといえば、母親が主役であり、父親の出番など思いもよらないことと相場が決まっている。

父親の参加は、子どもにとってどんなにうれしいことか。それは、母親とはまた違ったもので、子どもは二通りの読みがたりかたによる作品世界との出会いに恵まれる。

（K）

つるにょうぼう　かんざわとしこ文／いぐちぶんしゅう絵

（ポプラ社）

傷ついた鶴を助けた、貧乏暮らしの若者の家に、美しい娘が訪ねてきて、嫁にしてくれといいます。嫁になった娘はよく働き、はた織りをしたいが、中を決してのぞかないでと男に頼みます。やがて、りっぱな織物ができ、男はそれを売って大金持ちになりますが—。

動物が人間と結ばれるという話はたくさんあり、この話は「つるの恩がえし」としてよく知られています。タブーを破ったために、不幸をまねくというテーマももっている話。絵は、雪の野山を背景にくりひろげられる、美しくも悲しい話を、見事に表現しています。

ももたろう　松居直文／赤羽末吉画

（福音館書店）

日本昔話の代表格ともいえるこの話は、地域によって、桃太郎像や結末の違いがあっておもしろい。怠け者でけちな桃太郎もあれば、働き者で賢い桃太郎とさまざまです。

また、話の結末は、鬼をこらしめて、宝物を得る話が大方ですが、さらわれた姫だけを連れて帰る話もあります。

この絵本は、爺婆に大事に育てられた桃太郎が、力持ちになり、賢くなって、からすの知らせで鬼が島へ行く。そして鬼の宝物は貰わずに、姫を奪い返すという嫁とり話。

島へ渡る海は荒れに荒れますが、帰路は穏やかに凪いでいるというように、絵の語る楽しさがたくさんあります。

やまんばのにしき　まつたにみよこ文／せがわやすお絵

（ポプラ社）

村中で月見を楽しんでいると、にわかに空は荒れ、「ちょうふく山の山姥が子どもを産んだて、餅ついてこう。ついてこねば、人も馬もみな食い殺すどお」という声。さあ、村中大騒ぎ。衆議一決、ねぎそべとだだはちという暴れ者が指名され、それに名乗り出た七十いくつかのあかざばんばもつき添い、ちょうふく山に登っていく—。

山姥といえば、牛馬、人間を食うという恐ろしい妖怪。しかしその反面、誠実な者に対しては福をもたらすといいます。この絵本は、秋田に残る演劇のような話の再話。そしてそれにふさわしい絢爛豪華な絵が楽しませてくれます。

かにむかし　木下順二文／清水崑絵

（岩波書店）

かには柿の種を庭にまき、水、こやしをやり、「早く芽を出せ柿の種―」と声がけをして育てます。やがて柿は芽を出し、木になり、実をつけ、そして熟します。しかしかには木に登れない。そこへ山の猿がやってきて…。

動物昔話の「さるかに合戦」の再話。この絵本は佐渡島に残る話で、猿に殺された親がにの仇討ちに出かける子がにたち。栗、蜂、牛の糞、はぜ棒、石臼たちが加勢者に。

全体が語りの口調。中でも圧巻は、子がにたちと加勢者との問答でしょう。のびやかで、おどけ風ともとれる墨と赤二色の絵は、昔話絵本の典型ともいえます。

したきりすずめ　まつたにみよこ文／むらかみこういち絵

（ポプラ社）

爺に飼われていた雀は、婆の作ったのりを食べてしまい、婆に舌を切られます。爺は雀を探しに川沿いの道を上っていき、馬や牛を洗っている人に、洗い汁を飲まされ、雀の宿を教えてもらいます。爺は歓待され、宝の入ったつづらをみやげに貰います。それではと婆も出かけます―。

この話は、対照的なふたりの登場する「隣の爺」といわれる話で、ふたりは同じ道を通り、同じ難関を切り抜けますが、雀に会う動機が違うので、異なる結末が生まれます。

やや誇張された絵は、この話の魅力を表現しています。

石井桃子再話、赤羽末吉画（福音館書店）もどうぞ。

ちからたろう　いまえよしとも文／たしませいぞう絵

（ポプラ社）

爺婆は、子どもはないし、貧乏暮らし。やっと風呂に入り、体の垢を集めて人形を作ります。この人形、飯は人一倍食べるが、大きくならないし、口もきけない。ところが初めて口をきく、「百貫目の鉄棒を作ってくれ」と。

人形（力太郎）は棒を杖に立ちあがり、大男になって修業に。途中、石こ太郎、み堂こ太郎の力自慢を供にし、城下町へ。3人は化け物を退治し、農民たちを救います。

なんともスケールの大きな、豪快な昔話。この話には、当時の農民の夢や願いが語られていますが、絵は話の魅力と農民の思いを、十二分に表現しています。

ブックリスト――
この絵本、だいすき！
子どもたちに出会ってほしい民話絵本

いっすんぼうし　いしいももこ文／あきのふく絵

（福音館書店）

指より小さく生まれた一寸法師は、村の子どもにはばかにされ、両親の期待にも応えられない、そこで大志を抱いて都へ出立します。都への道は蟻に教えられ、椀の舟に箸のかい。都では名高い大臣に仕え、姫の相手をします。

ある日、姫のお供で清水寺に詣でると、鬼が現れ、姫をさらおうとします。法師は針の力で鬼を散ざんな目にあわせます。鬼の投げ捨てた「打ち出の小槌」で、背の高い青年になり、姫と結婚します。

小さく生まれて、異常な過程と結果を語る「ちいさこ話」の代表。絵巻風ののびやかな絵が話を楽しくしてくれます。

かさじぞう　瀬田貞二再話／赤羽末吉画

（福音館書店）

年の暮れ、人並みに餅など用意して正月を迎えようと、貧乏な老夫婦は笠をあみ、爺がまちへ売りに行きますが売れない。帰る途中、野原に雪にうもれた六地蔵が立っている。爺は5つの笠を、残りの地蔵には手拭いをかぶせます。

夜更け、地蔵は餅や米、野菜をそりで運んできます―。

年の瀬に語られてきたこの話は、困っている人を見捨てることのできない、なんとも優しい人間を描いています。

この絵本作りのために雪国に住み、その生活を体験したという画家の、墨を基調にした絵は精美。老夫婦の貧しくも至福な生きかたを、存分に表現しています。

やさいのおなか　きうちかつ作・絵

（福音館書店）

〈これ　なあに〉ではじまる白黒で描かれた野菜の切り口。ページをめくると、左にはその切り口がカラーで描かれ、右にはその全体像が描かれています。ねぎ、れんこん、ぴーまん、たけのこ、さつまいも、きゃべつと続き、最後のページには〈ふしぎなかたち　やさいのおなか〉と出てきた野菜の絵のすべてがあります。

白黒の切り口を見ただけではわからない野菜もあり、クイズ感覚で子どもも大人も考え、次のページをめくるとその答えがあたっていたり、はずれていたり…。親子で楽しみながら、野菜の断面を認識できるあそびの絵本です。

わすれられないおくりもの　バーレイ作・絵／小川仁央作

（評論社）

森の動物たちからたよりにされ、慕われていたアナグマが死んでしまいました。動物たちの悲しみは大きく、どうしていいか途方にくれました。雪が消え春がくると、みんなはアナグマの思い出を語り合うようになったのです。そしてそれぞれがアナグマから、忘れられない思い出をもらっていることに気がつきました。

アナグマの慈愛に満ちた表情や、動物たちの信頼を寄せる表情—。どの場面を見ても、おだやかな気持ちになれます。「アナグマさん〈ながいトンネル〉ですっかり自由になれて良かったね」と言う子がいました。

わらのうし　ウクライナの昔話／内田莉莎子文／ゴルディチューク絵

（福音館書店）

あるところにおじいさんとおばあさんが住んでいました。おばあさんはおじいさんに作ってもらった、タールぬりのわらの牛をつれて丘に登り、熊を捕まえ、次の日にはおおかみ、3日目にはきつねを捕まえます。おじいさんが穴ぐらに入れた動物たちの前でナイフをといで脅し文句をいうと、動物たちは交換条件を出して逃がしてくれと…。

画面いっぱいに広がる絵は迫力があり、くり返しによるストーリは展開が楽しみです。動物たちの交換条件を受け入れて逃がす場面では、「だまされるのでは」と心配していた子どもたちも、納得の結末で満足そうでした。

ぼくの村にサーカスがきた　小林豊作・絵

（ポプラ社）

ヤモとミラドーの住んでいる村にサーカスがきました。回転ブランコ、なぞの鉄人、火ふき男など、どこを見てもおもしろいものばかり。たのしいサーカスが去った村には、来年の豊作を約束してくれる雪が…。

しかしその冬、村は戦争で破壊されたのです。

ヤモたちと自分たちのくらしを比べて、感心したり、うらやましがったりしていた子どもたちですが、最後の文章には、びっくりしたようです。「このくにはどこ？」「アフガニスタンって？」と、世界地図を広げて確かめあっていました。戦争について考える機会になりました。

ぽんぽん山の月　あまんきみこ文／渡辺洋二絵

（文研出版）

ぽんぽん山のある夜。おかあさんを待っている４匹の子うさぎ。おかあさんうさぎが猟師に撃たれたのを見ていたやまんば。はずかしがりやのやまんばが、やっと買っただんごを子うさぎに置いていったのを見ていた風の子。風の子は、子うさぎたちがだんごをおいしそうに食べている声を、やまんばに運んであげました。そしてそれを全部見ていたのは、十五夜の月でした。青い色調の画面は静かで、幻想的な雰囲気を感じさせます。

子どもたちは静かに聞いていましたが、「やさしいやまんばもいるんだね」と感想を言っていました。

もりのかくれんぼう　末吉暁子作／林明子絵

（偕成社）

けいこが迷いこんだ森は、金色に輝くかくれんぼうのすむ森です。かくれんぼうは木の枝のような手足の不思議な男の子です。けいこはかくれんぼうや森の動物たちと、かくれんぼを始めます。画面には、かくし絵がたくさんあって、けいことといっしょに、くま、きつね、さる、しかたちを見つける楽しさがあります。

子どもたちは夢中になって絵本を取り囲んでは、ここにいる！　とあてっこをします。夢から覚めたように現実に戻るけれど、きっとどこかにかくれんぼうはいる、そんな気持ちになってきます。

100万回生きたねこ　佐野洋子作・絵

（講談社）

100万回生きて100万回死んだねこ。飼い主は誰もがねこが死ぬと、抱いて泣き悲しみました。でもねこは、誰のことも好きではなかったのです。

あるとき、ねこは誰のものでもない、のらねこになりました。そしてねこは、白いうつくしいねこに出会うのです。だれにも心を開かなかったねこが恋をして家族をもち、老いて妻に先立たれます。白いねこを抱いて泣いている場面は圧巻です。100万回泣いて死んだねこは、もう生き返りませんでした。すべては白いねこに出会うためだったのです。静かな、余韻の残る絵本です。

ベルナの目はななえさんの目　郡司ななえ・織茂恭子作

（童心社）

目の見えないななえさんは、盲導犬の訓練所でベルナに会いました。家に帰ってきたななえさんとベルナは買い物に出かけるのですが、お店に入れてもらえなかったり、バスに乗せてもらえなかったりします。

絵本をみていた子どもたちは、「いじわるだなあ」「なんでわからないの？」と不満をもらしますが、やさしい歯医者さんや小さい女の子とのかかわりに、ホッとした表情になっていました。

盲導犬について理解を深めるきっかけとなり、切り絵で表現されているのも新鮮に感じたようです。

ぼく　竹田まゆみ作／渡辺有一絵

（教育画劇）

〈ぼくのすきなものおしえてあげようか〉という導入のことばに子どもたちは耳を傾けます。すきなものはおとうさん、おかあさん、イヌのベスと、ページをめくるたびに何が出てくるか楽しみです。

とくにお風呂から出て、裸で家中をかけまわるのがすきという場面で大喜び。そして海も空もすき、でも一番すきなものは「ぼく」と、核心に入っていきます。子どもたちもそこで自分というものを意識します。やさしいタッチで描かれていますが、丸ごと自分を意識し、その存在の大切さ、生きているすばらしさを気づかせてくれます。

ねえ、どれがいい？　バーニンガム作／まつかわまゆみ訳

（評論社）

〈もしもだよ、きみんちのまわりがかわるとしたら、大水と、大雪と、ジャングルと、ねえ、どれがいい？〉というように、ページをめくるたびにいくつかの問いがあって、その中から答えを拾って行く楽しさに、子どもたちは次第に引き込まれていきます。

奇想天外な問いかけと、どれも選びがたいような選択肢に、子どもたちは皆、目を輝かせ、想像力を十二分に働かせて、声を張り上げて答えます。

友だち同士、そして親子でも、いっしょになって楽しめる、そんな絵本です。

ピカピカ　たばたせいいち作

（偕成社）

町の片すみに捨てられた自転車のピカピカは、ねこのタマと飼い主のゆきちゃんに、修理の名人げんじいちゃんのところに連れていってもらいました。げんじいちゃんは、ピカピカを修理したあと言ったのです。〈アフリカにいかないか？〉そしてピカピカはアフリカへ！

アフリカでのピカピカは人気者。助産婦のモシャおばさんとともに激しい雨の中、もうすぐうまれそうなあかちゃんのために走るピカピカ。うまれたかわいいあかちゃんのそばで、ピカピカはとてもうれしそうです。

子どもたちもうれしそうに「よかったね」。

ひとまねこざる　レイ文・絵／光吉夏弥訳

（岩波書店）

〈これは、さるのじょーじです〉ではじまるこの絵本は、子どもたちに大人気です。

じょーじがくりひろげるいたずらの数かずは、子どもたちの心をとらえ、一体化していきます。知恵もあり、人間社会の中で働こうとしているじょーじの姿は、ほほえましく、笑いとペーソスにあふれています。

大きな建物と比較すると、なんとじょーじの小さいこと。それぞれのどの絵にも動きがあり、躍動感に満ちた魅力的な本です。時代を超えて子どもたちの心をとらえる絵本といえましょう。

ともだちや　内田麟太郎作／降矢なな絵

（偕成社）

キツネは〈ともだちや〉という商売をはじめました。1時間100円で友だちになってあげるというのです。

ある時オオカミに、本当の友だちならお金は取らないはずと指摘されます。そしてオオカミは、一番大事なミニカーをくれます。キツネはもう、〈ともだちや〉をしなくても毎日遊べるのです。

商売までしなくてはならなかったさびしいキツネと、子どもの心が一体化し、友だちができて本当によかったと胸をなでおろします。ユーモラスな絵と〈ともだちや〉という変わった商売が、キツネの気持ちを伝えます。

なぞなぞあそびうた　角野栄子作／スズキコージ絵

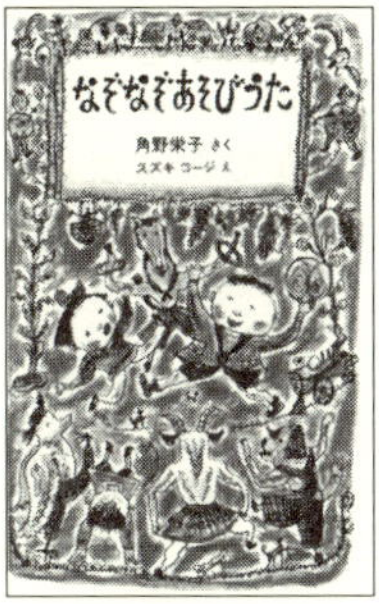

（のら書店）

〈なぞなぞ　ならんだ/ぞなぞな　ぞろり〉

おまじないのような文ではじまる、このあそびうた。あっちこっちをむいていた子たちがこれだけで一点に集中、引き込まれていきました。耳にここちよい、調子のよいなぞなぞを、どの子も一生懸命に考えて口ぐちに答えを出しあいます。むずかしいなぞなぞを正解した子は得意満面、みんなから一目置かれていました。

さし絵もかなりヒントになるのですが、無国籍的なタッチが、なぞなぞの文章にピッタリあって楽しく、男女ともに大人気の本です。

なぞなぞライオン　佐々木マキ作

（理論社）

女の子が、森でライオンに、川でヘビに、山でサイに出会います。ライオンとはなぞなぞ、ヘビとは早口ことば、サイとはしりとりで対決するのですが、弱者のはずの女の子は、機転とユーモアで、 次つぎと難関を乗り越えます。その言葉や行動は、大胆で痛快そのもの。女の子と動物との絶妙なとぼけたやりとりが、まさに抱腹絶倒です。

子どもたちは、女の子の出すなぞなぞを、ライオンといっしょになって考えては、口ぐちに答えます。

どこかにくめない愛すべき動物たちに、肩をもちたくなるような愉快な絵本です。

どうぶつはやくちあいうえお　きしだえりこ作／かたやまけん絵

（のら書店）

〈あんぱん　ぱくぱく　ぱんだのぱんや〉

〈いかに　かにがちょっかい　いかいかった　いかった〉

色鮮やかで愉快なさし絵とともに、次つぎと楽しい動物の早口ことばが出てきます。てのひらサイズでつい手に取って中を見たくなるかわいさです。

子どもたちは聞いているだけでなく、いっしょに声を出して読み出したり、何度も復唱して楽しんだりしました。その後もこの絵本の人気は高く、誰かが本棚から取り出しては、友だちと頭を寄せている姿がありました。

早口ことばと絵がピッタリ合っている絵本です。

10《とお》までかぞえられるこやぎ　プリョイセン作／林明子絵／山内清子訳

（福音館書店）

こやぎが10まで数を覚えました。何かを数えたいこやぎは、うしの親子、うま、ぶたと次つぎに数えていきますがそのたびに怒りをかって、動物たちに追いかけられる羽目に。こやぎが逃げ込んだのは定員10匹の渡し船です。船には何匹かの動物の乗組員が…。さあ大変、船が沈んでしまう!?

子どもたちは、数えただけなのになんであんなに怒るんだろう？　と不思議そうですが、うまやぶたの全身で怒っている姿に大笑いです。船でパニックになったときには、こやぎに「早く数えるんだ！」と叫んだ子もいました。

トマトのひみつ　山口進文・写真

（福音館書店）

みずみずしいトマトの表紙の写真が目をひきます。本の扉をあけると、初夏の空とまだ青いトマトが目に入ってきます。ある夜、若いくもがトマト畑に巣を作りはじめます。でも、くもの巣に虫がかかりません。それはトマトの毛から、虫の嫌いなにおいが出ているからです。自然の力って、すごいですね。

トマトの黄色い花が咲き、その後に小さな実ができ、ぐんぐん大きくなる。真っ赤に熟れて夏の光に輝く姿を、そばに飛んでくる虫の姿とともに、写真でとらえています。

自然のすばらしさに子どもたちは感動します。

たのしいふゆごもり　片山令子作／片山健絵

（福音館書店）

くまの親子の、ふゆごもりのしたくの物語です。くまの女の子は遊んでいるだけだけど、おかあさんぐまといっしょに仕事をしているつもり。おかあさんぐまのあたたかい愛情に包まれています。どっさりと木の実を食べ、寝床をあたたかくして、さあ、いつ冬眠に入ってもだいじょうぶ。

子どもたちは、絵の中のかえるや、りすの表情ひとつにも楽しさを見つけて喜びます。冬眠に入っていくところは、見ているだけでトロンといい気持ちで、眠たくなってくるほどです。友だちとのかかわりが少し苦手な子が、何回も絵本を開いては、じっと見ていました。

タンゲくん　片山健作

（福音館書店）

ある日、女の子の家族が晩ご飯を食べていると、猫がのっそり入ってきて、女の子のひざに座りました。猫は、片方の目が、けがでつぶれていたので、タンゲくんと名付けられて、女の子の家の猫になりました。女の子はタンゲくんがだいすき、でもタンゲくんは猫独特のマイペースで、道であっても知らんぷりしたかと思うと、ご飯の後は女の子の上に乗って、丸くなったりします。

片目の猫を自然に受け入れる家庭のあたたかさ、大きくて立派なタンゲくんの魅力、女の子のやさしさが、緻密に描かれた家の様子、迫力ある猫の絵から伝わります。

テーブルのした　ルッソ絵・文／青木久子訳

（徳間書店）

テーブルの下は、子どもの心の落ちつく場所。そんなテーブルの下に、女の子は自分のおもちゃまで入れて遊びます。あるときそのテーブルの裏に絵を描きます。そしていつの間にか、その絵はいっぱいになりました…。

微妙にゆれ動く子どもの気持ちと、それをおおらかに受けとめる両親の姿が、日常生活を通して描かれています。それはうらやましいほどです。

子どもたちも女の子といっしょになって、その世界に入り込み、心を解放させ、充実させていきます。

すてきな三にんぐみ　アンゲラー作／いまえよしとも訳

（偕成社）

黒マントに黒ぼうしのどろぼう3人組。ぎろりとにらんだ目を見て、「どこがすてきなの？」と言う子もいます。前半は、どろぼうの場面が続き、文章もすごみがあり圧倒されます。まさかりで馬車の車輪をたたきわるところは、「おおっ」と驚きの声。

そんなこわいどろぼうも、みなしごのティファニーちゃんをさらった日からガラリと変わります。みなしごたちのためにつくすやさしい3人組になったのです。

読み終わった後、子どもたちは「だからすてきな三にんぐみなんだね」と納得します。

スーホの白い馬　モンゴル民話／大塚勇三再話／赤羽末吉画

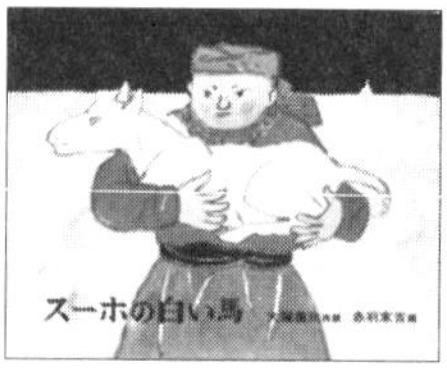

（福音館書店）

貧しいひつじかいの少年スーホは、ある日、草原で白い子馬を見つけました。ところが大切に育てた白い馬を、横暴な殿様に取り上げられてしまったのです。

逃げだした白い馬は、弓矢で射られ傷だらけになってスーホのもとに帰りつきましたが、次の日死んでしまいます。嘆き悲しむスーホに白い馬は夢の中で言うのです。「骨や皮や筋や毛を使って、楽器を作ってください」と。

スーホの作った楽器、馬頭琴は美しい音色でスーホをなぐさめ、聞く人の心をゆり動かしました。草原の画面から哀愁をおびた音色が、聞こえてくるようです。

だってだってのおばあさん　さのようこ作・絵

（フレーベル館）

小さな家には、おばあさんと1匹のねこが住んでいました。おばあさんは98歳。ねこが魚つりに出かけようと誘っても、98歳だから無理とことわります。

99歳の誕生日に、ケーキ用ろうそくをねこに頼みますが袋が破れて、仕方なく残った5本のろうそくでお祝いを。以後、おばあさんは〈だってわたしは5歳だもの〉と魚つりにも出かけ、94年ぶりに川も飛び越えます。

99歳から5歳になったおばあさんを、おもしろがる子どもたち。心のもちようで不可能を可能にするこのお話は、子どもたちに夢と希望を与えてくれます。

11ぴきのねことあほうどり　馬場のぼる著

（こぐま社）

11匹のねこがはじめたコロッケの店に、おなかをすかせたあほうどりがやってきました。コロッケにあきて、やきとりが食べたかったねこたちの目が、キラッ！　そしてきょうだいが11羽だというあほうどりの国にいくことに。ねこたちの前にあほうどりのきょうだいが出てきますが、だんだん大きくなって最後の11羽目はなんと超巨大サイズ！ねこたちはあわてて逃げ出すのですが…。

最初の思惑とはずいぶんはずれて、あほうどりのためにひたすらコロッケを作っている、ねこたちの姿にはふきだしてしまいます。もちろん子どもたちも大笑いです。

十二支のはじまり　岩崎京子文／二俣英五郎画

（教育画劇）

表紙には十二支の絵が描かれています。どの動物の顔も愛嬌があります。そしてお話は、なぜ、ねこが十二支に入らなかったのかそのわけと、なぜ、十二支が、ね、うし、とら、うさぎ…の順になったのかを、楽しく描いています。

読み進んでいくうちに「なるほど、そうだったのか」と感心させられてしまいます。

暖色系の色彩ではっきりとした絵が、お話の内容をよりいっそう物語ります。子どもたちは改めて、自分は何どし生まれかを認識するようです。

ずーっとずっとだいすきだよ　ウィルヘルム絵・文／久山太市訳

（評論社）

エルフィーは犬の名前です。小さい頃からいっしょに暮らしてきたエルフィー。ぼくが大きくなるのとは反対に年をとって死んでしまったのです。今まで〈ずーっとずっとだいすきだよ〉と言ってきたことで、いくらかでも悲しみをやわらげることができました。

家族の一員としていっしょに過ごしてきた愛犬の死を受けとめ、深い悲しみを乗り越えようとする少年の姿に、子どもたちもいっしょになって感動します。

生きるということ、年をとるということ、死ぬということ、愛するということの意味をやさしく伝えます。

さっちゃんのまほうのて　田畑精一・先天性四肢障害児父母の会

（偕成社）

さっちゃんは先天性障害があり、右の手には指がありません。もうすぐお姉さんになるさっちゃんは、ままごとでお母さんになりたかったのです。でも友だちは指のないさっちゃんがお母さんになることを嫌がりました。さっちゃんは悲しくてお母さんに聞きます。小学生になったら指がはえてくるのかと…。

小さな胸を痛めていたさっちゃんが、その障害を個性として受けとめる両親に支えられて、のびのびと生きる姿が描かれています。「さっちゃんの手はまほうの手だね」と言いながら、親子でくり返し読んだ感動の1冊です。

じごくのそうべえ　たじまゆきひこ作

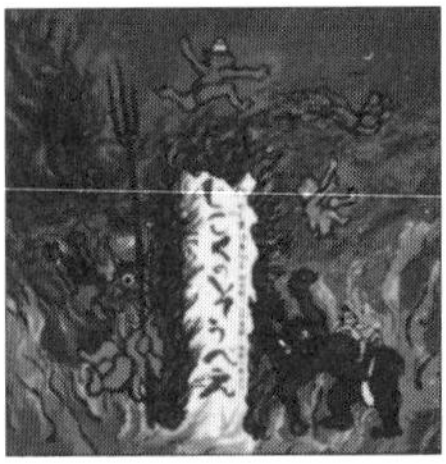

（童心社）

かるわざしのそうべえは、つなわたりの途中に落ちてしまって地獄へいく羽目に。歯ぬきしのしかい、医者のちくあん、山伏のふっかいたちと出会って、珍道中がくりひろげられます。地獄の難関もそれぞれの得意技でくぐりぬけ、無事、生還とあいなりました。

全編を貫く関西弁の文句なしのおもしろさと、奇想天外の展開とユーモアに、子どもたちはくぎづけ。画面からはみだしそうな、ダイナミックな絵の魅力が加わって、おなかを抱えて大笑い。最後の場面が落語のオチよろしくきいています。その後、教室に関西弁が飛びかいました。

島ひきおに　山下明生文／梶山俊夫絵

（偕成社）

広い海の真ん中のちょこんと浮かぶ小さな島に、ひとりぼっちの鬼がすんでいました。〈島をひっぱってきたらいっしょに暮らせる〉と漁師から聞いた鬼は、島につなをかけて、海の中を歩いていきます。

人間と仲よくなりたい鬼、決して鬼を信じない人間。どこまでも交わることのない、並行線です。鬼の気持ちがせつないほど伝わってきます。今でも鬼は人間と暮らせるところを探しているのでしょうか？

「人間と仲よくしたいだけなのにね」。読んだ後、ため息とともに、こんなつぶやきが聞こえてきました。

こひつじクロ　ショー作・絵／ゆりよう子訳

（岩崎書店）

おじいさんの飼っているひつじの中に、1匹だけ黒い子ひつじがいました。名前はクロ。いつも考えごとをしていて言うことをきかないクロに、しっかり者の番犬のポロはふりまわされて、おかんむりです。白くなりたいというクロに、おじいさんは言いました。「おまえはいまのままがいちばんさ」。

ある日クロたちひつじの群れは、嵐の中に取り残されてしまいました。よく朝、真っ白な雪景色の中で、途方にくれているおじいさんの目にとまったのは…。

「ありのままのすがたがいい」と静かに伝わってきます。

ゴムあたまポンたろう　長新太作

（童心社）

「ゴムあたまポンたろう」と題を読むだけで、子どもたちはおもしろがって、何度も自分たちで唱えます。

頭がゴムでできていると読みはじめると、「頭がゴムでできているんだって」と言いはじめます。子どもたちの心はみんなゴムあたまポンたろうになっています。どこまでも飛んで行ける自由さは、子どもたちに解放感を与えるのではないでしょうか。

野球のバットにあたって飛んだり、おばけを驚かせたり…。子どもたちは、次はどんなところに飛んで行くのか、期待に胸をふくらませていきます。

こんこんさまにさしあげそうろう　森はな作／梶山俊夫絵

（PHP研究所）

寒い雪の夜、おなかをすかせた子ギツネのために食べ物を探すかあさんギツネ。でも探しても食べ物は見つかりません。あくる日もまた雪。かあさんギツネの耳にチーン、チーン、ドン、ドン、かねとたいこの音が聞こえてきました。今夜は大寒。キツネのためにお供え物を分けてあげる“のせぎょう”の日だったのです。

あずきめし、あぶらあげ、かわじゃこなどのお供え物をいただいたキツネの親子。ほっとした安堵感がただよいます。〈こんこんさまにさしあげそうろう〉という、のせぎょうの子どもたちの声をまねて歩く子もいました。

銀のうでわ　君島久子文／小野かおる絵

（岩波書店）

シンデレラの中国版というより、中国に伝わるこのお話のほうがシンデレラより古いとのことです。

少女アーツは継母とその娘にいじめられますが、牝牛やカササギの助けでりりしい若者と出会います。しかし一番どりが鳴いたとき、アーツは銀のうでわを残して立ち去ってしまいます。やがてそれが彼女のものと分かり幸せな結婚を。でもそれも束の間、姉に殺されてしまいますが、時をへて火ふき竹から再生します。「シンデレラに似ている」という子どもたちも、意外な展開と中国情緒豊かな絵によって、お話の世界へ引き込まれていきます。

クマの子太郎　今関信子作／岡本順絵

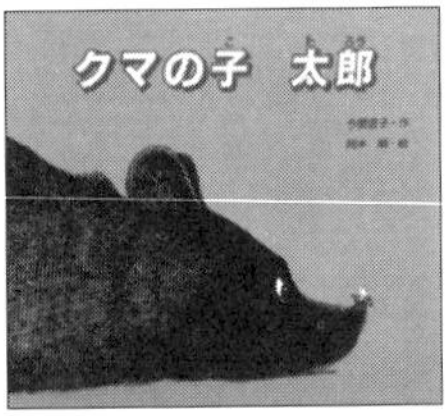

（佼成出版社）

鳥獣保護員の東山さんのもとに、かあさんグマが猟銃で撃たれて死んでしまった、あかちゃんグマが連れてこられました。なぜかあさんグマは撃たれてしまったのでしょう？　返ってきた答えは〈クマは危険な動物だから〉。東山さんは怒りに震えます。人間がクマのすむ場所に立ち入って、クマが危険だからと猟銃で撃っていいのか！

あかちゃんグマは太郎と名付けられ、すくすく育ちました。東山さんは山のクマのために、実のなる木を地道に植え続け、今では手伝ってくれる人も増えました。人間も大自然の中の一部だと気付かせてくれる絵本です。

クレメンタインの冬じたく　スポーン作／木坂涼訳

（セーラー出版）

女の子に人気の1冊です。とにかく着せかえあそびのような楽しさがあります。クレメンタインが洋服を選んでいく過程がクイズ形式になっていて、見ていても選んでも当てっこをしても楽しい。冬じたくなので、まだ着るのというほど洋服が多く「こんなにいっぱいあっていいなあ」とは、女の子たちの感想。

男の子たちもセーターはこれ、マフラーはこっちと予想をしながら、当たったときには大騒ぎです。読んだ後、女の子のグループは、好きなデザインで洋服を描いて、人形に「どれを着せる？」とあそんでいました。

狐　新美南吉作／長野ヒデ子絵

（偕成社）

月夜の晩、文六は友だちと祭りに行く途中、下駄を買いました。お店のおばあさんは、夜、新しい下駄をおろすと狐がつくといい、下駄の裏におまじないをしてくれました。祭りの帰り道、文六が咳をすると、友だちは狐がついたと怖がって、そうそうに引き上げていきます。

文六は不安になって、お母さんに自分が狐につかれたらどうすると聞きます。お母さんは自分も狐になり、文六を守ると答えるのでした。

祭りのにぎわいから、母子愛への話の展開は読み手の心を震わせます。親子でじっくりと読みたい絵本です。

きょうはなんのひ？　瀬田貞二作／林明子絵

（福音館書店）

お父さんとお母さんの結婚記念日の日、まみこは〈おかあさん、きょうはなんのひだか、しってるの？　しーらないの、しらないの、しらなきゃかいだん3だんめ〉と歌いながら学校に行きます。その3段目には、赤いひもで結んだ手紙がありました。その手紙をあけると次はケーキのはこ、その次は玄関の傘立ての中と、手紙は続きます。

ページをめくるたびに次はどこにあるのかなと、子どもたちの心は期待感でいっぱいです。生活感あふれる絵と、まみこの心のこもった楽しいプレゼントは、読み手に充足感を与えてくれます。

キリンさん　まど・みちお詩／南塚直子絵

（小峰書店）

表紙にはキリン、かたつむり、おひさま、ちょうちょ、うさぎ、ヒトデ、クラゲなどが淡い色彩で描かれています。中には13編の詩があり、それぞれにイメージされた絵が。どの絵もやさしいタッチで心をなごませてくれます。

「うさぎ」という詩には、画面いっぱいにうさぎたちが飛び跳ねている姿が、うさぎに生まれてうれしい気持ちを表しています。子どもたちもうさぎを数えはじめました。

あの「ぞうさん」の詩も入っています。どの詩も自然の営みや、生きる喜びを語っていて、心のオアシスとなる絵本です。

からだっていいな　山本直英・片山健作

（童心社）

見たり、聞いたり、痛かったり、かゆかったり、気持ちよかったり…。普段、なにげなくすごしているけれど、みんなからだがあるから、そうなるのです。

そういえば自分でくすぐってみても、くすぐったくないのに、だれかにくすぐられると、くすぐったくてたまらない。自分でなでてもなんともないのに、だれかになでてもらうと気持ちいい。

からだってふしぎですね。開放的で大胆なさし絵の魅力とともに、さわやかな気持ちになれます。からだっていいなと、つぶやきそうな絵本です。

かわ　加古里子作・絵

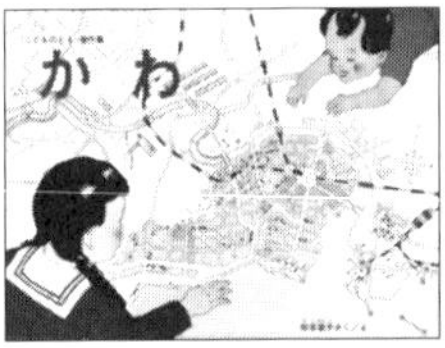

（福音館書店）

高い山に積もった雪や、山に降った雨が川となって、海に流れて行く過程が描かれています。とくに川が山から村へ、村から町へ、町から海へと流れて行くのにともない、周囲の環境や人びとの暮らしが変化していく様子が、克明に描かれています。

子どもたちは川を指でたどったり、絵の中の乗り物や建物に興味を示します。指でたどった先は、青く広がる海原でした。

川の成り立ちや川の役目、川周辺の暮らしぶりがよくわかる本です。

きかんしゃやえもん　阿川弘之作／岡部冬彦絵

（岩波書店）

年をとった機関車のやえもんは、最近では誰も相手にしてくれないので怒ってばかりです。ある日とうとう怒りすぎて、煙といっしょに火の粉を吐き出してしまい火事騒ぎに。あわやくず鉄にされる寸前で、博物館行きが決まったのです。子どもたちに囲まれてうれしそうなやえもん。

〈しゃっ/しゃっ　しゃっ/～しゃくだ　しゃくだ〉〈ぷっすん　ぷっすん〉〈わるかった　しゃあ〉など、やえもんの個性がよく表れた言葉や、〈ちゃんちゃん　かたかた　けっとん〉〈とっても　つかれて　けっとん〉という、客車のリズミカルな言葉も楽しめます。

おまたせクッキー　ハッチンス作／乾侑美子訳

（偕成社）

お母さんがクッキーを焼きました。子どもたちふたりが6こずつ食べようとすると、ふたりの友だちが来て、3こずつになってしまいました。すると、また玄関のベルが鳴りました。

軽快なくり返しで話が展開していくので、子どもたちは次にだれがくるのか、何人くるかと期待します。

友だちがくるたびに、逆にひとりあたりのクッキーの数が減っていくことも、この本のおもしろさです。最後におばあちゃんが、特別のクッキーをたくさん焼いて持ってきてくれた場面では、充足感が広がります。

かたあしだちょうのエルフ　おのきがく文・絵

（ポプラ社）

だちょうのエルフは人気者。みんなのためにライオンと闘って片足を食いちぎられ、子どもたちを守るために、くろひょうと闘い、とうとう一本の木になったのです。エルフの木は、大きくて涼しい木陰を作り、根もとには動物たちののどを潤す池ができました。

エルフが闘っている画面は、大迫力で圧倒されます。その反対に草原にエルフの木が現れた画面は、静寂に包まれて時が止まったようです。無償の愛、本当の勇気とは、を考えさせられます。子どもたちからは、読み終わると深いため息が聞こえました。

かもさんおとおり　マックロスキー文・絵／わたなべしげお訳

（福音館書店）

かものマラードさん夫婦の巣作りから子育てをするまでの、愛情あふれるお話。巣作りの場所探しにはじまってひなの誕生、子育てを通して、一貫してマラードおくさんはしっかり者。そのころお父さんのマラードさんは、新しいすみかの探索に出かけ、さらに大きな愛情で家族を包み、迎えてくれます。かもさん夫婦をあたたかく見守っているのがマイケルというおまわりさん。かもたちが道路を横断するときも、とんできて交通整理をしてくれました。

画面はセピアカラーの色調で統一され、決して派手ではありませんが、幸せな気持ちになれる絵本です。

おおきなきがほしい　さとうさとる文／むらかみつとむ絵

（偕成社）

おおきな木があったらどんなにいいでしょう。想像力いっぱいの男の子・かおるはすてきなことを次つぎと考え出します。木にはしごをかけてどんどん登っていくとすてきな小屋があり、そこではホットケーキを焼いて食べられるし、そのまた上に登っていくと、りすの親子が挨拶をします。そのまた上は、手すりのついた見晴らし台になっていて、小鳥たちが数え切れないほど飛んでくるのです。

画面は途中から縦開きになり、上に高くそびえる木の様子が迫ってきます。「こんな木があったらいいなあ」と、子どもたちはうらやましそうでした。

王さまと九人のきょうだい　中国の民話／君島久子訳／赤羽末吉絵

（岩波書店）

子どものできない年寄りの夫婦の前に、白い髪の老人が現れて9つの薬をくれました。老人の言いつけを守らず、一気にのむと、一度に9人の男の子が誕生します。その名は、ちからもちやくいしんぼうなど、どの名前も変わった名前です。

やがてその9人それぞれが、名前の通りの働きをして、悪い王様を追放するというお話です。

変わった名前に子どもたちはおもしろがり、次にどんな名前の子が活躍するのか楽しみに待ちます。絵本全体が、中国の雰囲気をかもしだしています。

おじいちゃんだいすき　ハラント作／ディモウ絵／若林ひとみ訳

（あかね書房）

「ぼく」のうちにおじいちゃんが、いなかからやってきました。生活習慣がまったく違うおじいちゃんに、「ぼく」の家族は戸惑いますが、「ぼく」はおじいちゃんがだいすき。でもおじいちゃんは、やがていなかに帰ることに…。

最初と最後に、白黒・コマわりの絵があり、最初はおばあちゃんが亡くなったことが、また最後はおじいちゃんがひとりでしっかりと生活している様子と、「ぼく」の家族がおじいちゃんを訪ねていくところが出てきます。

孫とおじいちゃんのふれあいが、ほほえましく描かれています。

ブックリスト——

この絵本、だいすき！

6、7、8歳で出会ってほしい《50冊》

いたずらきかんしゃちゅうちゅう　バートン文・絵／むらおかはなこ訳

（福音館書店）

まっ黒でぴかぴかの、かわいい機関車ちゅうちゅうは、ある日客車を引かずに、自分ひとりで走り出してしまいました。見返しの色鮮やかな画面から一転、本文は白黒の画面に躍動感いっぱいのちゅうちゅうが引き起こす、大騒動が描かれています。

子どもたちは、ちゅうちゅうが踏みきりで車を渋滞させたり、はね橋でとび上がるのを見て、歓声を上げて大騒ぎです。また森の中でちゅうちゅうが、ひとりぼっちになったときには、息をひそめ、無事に帰れたときには、ほっとした表情になりました。

うごいちゃだめ！　シルヴァマン文／シンドラー絵／せなあいこ訳

（アスラン書房）

あひるとがちょうが泳ぎ競争、飛び競争をしました。結果は1勝ずつの引き分け。そこで動いたらまけ競争をすることに…。ハチがきても、カラスがきても、ウサギがきても、どちらも動かずなかなか勝負がつきません。そこへおなかをすかせたキツネがやってきたのです。

子どもたちは、あひるとがちょうの見事な静止の表情に夢中。鍋に投げ込まれる寸前のがちょうにむかって〈あーっもうだめだ！〉。ところがあひるはキツネにおそいかかってキツネは退散。がちょうの〈本当のチャンピオンはあひるさんだとおもうよ〉の言葉がすてきです。

わたしのおうち　かんざわとしこ作／やまわきゆりこ絵

（あかね書房）

ダンボールで作ったわたしのおうち。邪魔する弟から逃げて外へかついでいき、ごちそうを作ってお客を待ちます。そこへ動物たちが次つぎとやってきます。弟と同じような行動をとる動物たちを「そとであそんでちょうだいよう」と追いだし、またひとりになってしまいますが…。

どこにでもありそうなきょうだいのやりとり（現実）から、空想の世界へ、そしてまた現実へともどるお話。

その中に幼い姉と弟の心のふれあいや心理状態が、あたたかな絵と女の子の語り口調の文で、巧みに描かれています。

わにさんどきっはいしゃさんどきっ　五味太郎作・絵

（偕成社）

わにさんが、いやいやながら虫歯をなおしに歯医者さんにいきます。歯医者さんは、こわごわ治療をはじめます。

わにさんも、こわごわ治療をうけます。「こわいなあ」とわにさん。「こわいなあ」と歯医者さん。「でも　がんばるぞ」「でも　がんばるぞ」…さあ、どうなっていくのでしょうか？

同じ場面で同じ言葉が両方からかわされ、お話がすすんでいきます。わにさんと歯医者さんの表情や姿と、同じ言葉の中にあるそれぞれの思いの違いが、愉快な絵で語られている、楽しい絵本です。

わらってよカバのはいしゃさん　さくらともこ作／そのやすじ絵

（岩崎書店）

〈どうぶつむらのカバのはいしゃさん/このごろ　ニコリとも　しないんだって〉、みんなのうわさが広まります。実はカバ先生は虫歯なのです。

虫歯を治してくれる歯医者さんが、治療されるのが怖くて“痛くなくて治す方法をいろいろ考えて実験する”そんな姿に、意外さとおもしろさを感じて、子どもたちの中には笑い声がひろがります。

実験がうまくいかないカバ先生。勇気をだしてとなり村のワニ先生のところへいきますが…。さて、どうなるのでしょう？

まっくろネリノ　ガルラー作／やがわすみこ訳

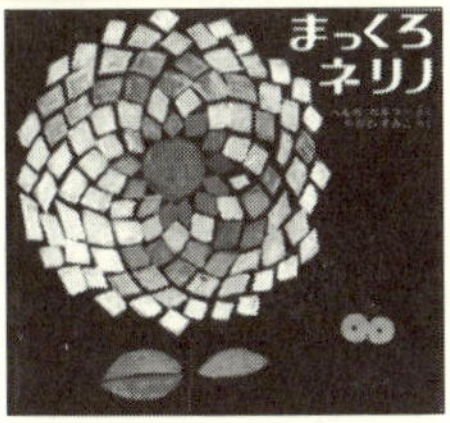

（偕成社）

両親や兄弟はきれいな色の鳥なのに、自分だけ真っ黒なネリノは、いつも遊んでもらえずひとりぼっちです。ところがある日、兄さんたちは鳥籠に捕まってしまいますが、黒いネリノは夜の闇に紛れて兄さんたちを救い出します。

それからは、お兄さんたちと仲よく、遊びました。子どもたちは、きれいになりたいネリノに同情したり、勇気いっぱいの行動に応援の拍手を送って楽しみます。

黒を基調としたカラフルな絵が印象的です。

ゆうちゃんのゆうは？　かんざわとしこ・たばたせいいち作

（童心社）

〈あたしのおとうと　もうじきひとつ　ゆうっていうなまえよ〉。友だちのかずくんは〈ゆうびんのゆうかい？〉って聞くし、なおちゃんは〈ゆうえんちのゆうね〉って言う。〈ユーカリのゆう？〉〈ゆうせいのゆうかな？　まてよUFOのゆうかな〉といろんな人が考えを出したけど、お父さんは〈ゆうゆうのゆうだよ〉って教えてくれます。読み終わると、自分の名前に興味を持った子も多く、家庭での話題にと広がりました。

弟を思いやる姉の心根がにじんでいるようなやさしさと、姓名の由来の大切さを感じさせる絵がすてきです。

ろくべえまってろよ　灰谷健次郎作／長新太絵

（文研出版）

穴に落ちた犬のろくべえを最初に見つけたのはえいじくん。かんちゃん、みつお、みすず、しろうの5人が深い穴のろくべえをどうやって助け出すか、歌って励ましながら、やっと考えついたのは、ろくべえの恋人犬クッキーを籠で下ろして、いっしょに吊り上げる作戦でした。

仲よしの5人組の子どもたちが、大人に頼らず、ありったけの知恵を出し合って、穴から助けた喜びがびんびんと伝わってきます。関西弁の応酬が優しさに包まれていて、愛犬への思いと仲間関係の深さを感じさせます。

「やったー！」という喚声があがる結末です。

ぼくんちどうぶつえん　正道かほる文／大島妙子絵

（童心社）

ぼくの家族はひいばあちゃんもいる大家族。そしてね、実は動物園なんだよ。ぼくは猿でお父さんはライオン。母さんはあらい熊、おじいちゃんはキリンでおばあちゃんは狐だよ。妹はうさぎでおおばあちゃんはふくろう。入場券はいらないから一度遊びにおいでよ。

いっしょに暮らす家族の個性を見事にとらえて動物にみたてて、わが家庭は動物園だと自慢する主人公しょうたくんの、天真爛漫な紹介がほほえましい。絵も文も躍動感いっぱいです。子どもたちも自分の家族を動物に置き換えて、大いに楽しみます。

ぼくたちのコンニャク先生　星川ひろ子写真・文

（小学館）

生後8か月の時、脳性麻痺と診断された近藤先生は保育園の保育者です。年長組の子どもたちは親しみをこめて「コンニャク先生」と名づけました。走れないし、手が震えてごはんもこぼします。でも子どもたちは先生がだいすき。いっしょに遊び、散歩にも行きます。

自らの体力の限界ともたたかいながら、懸命に子どもたちの中に溶け込んで生きている近藤先生の、保育園の交流の様子を、1年の歳月をかけて記録した写真絵本。障害児を持つ写真家・星川さんのあたたかな視線が、あるがままの近藤先生と子どもたちの生活ぶりを伝えます。

まあちゃんのながいかみ　たかどのほうこ作

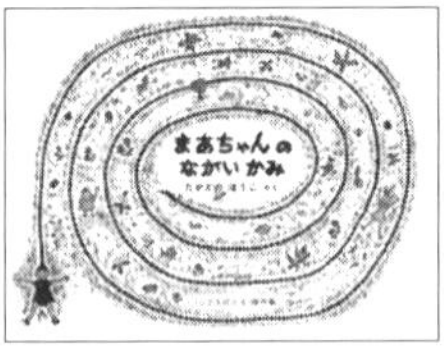

（福音館書店）

まあちゃんはおっかぱ頭の女の子。お友だちに自分も髪を長く伸ばすことを話しますが、その長さといったら！

三つ編みで川にたらすと魚が釣れ、シャンプーすればソフトクリーム、川ですすげばこんぶ。パーマをかければ森になり、いろいろな動物たちが集まって暮らしはじめます。なんて楽しい髪なのでしょう。

少女たちの会話はセピア色、まあちゃんの想像シーンはカラーで描かれ、その対比も魅力です。

読み終えると女の子は自分の髪に触れながら、うっとり。ダイナミックな展開は男の子にも人気です。

ふしぎなナイフ　中村牧江・林健造作／福田隆義絵

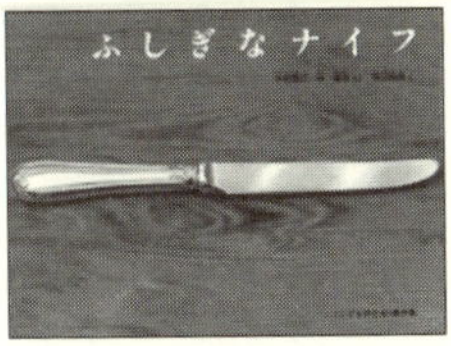

（福音館書店）

見開き2ページに描かれている“ふしぎなナイフ”が、そこに添えられている言葉の状態になっていきます。

〈まがる/ねじれる/おれる/われる/とける/きれる/ほどける/ちぎれる/ちらばる〉〈のびて/ちぢんで/ふくらんで〉と、硬いナイフがその言葉の通りになっていくというおもしろい発想に、子どもたちの心は、驚きと不思議さと楽しさでいっぱい。「次は、どんな状態になるんだろう」と、言葉とともに想像し、期待をもってページをめくります。

コピーライター・グラフィックデザイナー・イラストレーターの3人による作品です。

ふとんやまトンネル　那須正幹作／長野ヒデ子絵

（童心社）

ふとんに潜るのが大好きなケンちゃん、ふとんのトンネルを潜っていくと、大勢の子どもたちが遊んでいる野原に出ます。その中に仲よしのユミちゃんもいて、いっしょに遊んで帰ったのですが…。朝、気がつくとユミちゃんのふとんに寝ていてびっくり。あわててわが家に戻ってみると…ふとんのトンネルを間違えて帰ったことに気付くまで、きょとんとするふたりの様子に、大笑いの子どもたち。

「こんどもぐろう」「でもまちがえたらたいへん」など、おしゃべりがはずみます。子どもたち憧れのふとん潜りの内容と、親しみやすい絵が根強い人気です。

ふゆめがっしょうだん　冨成忠夫・茂木透写真／長新太文

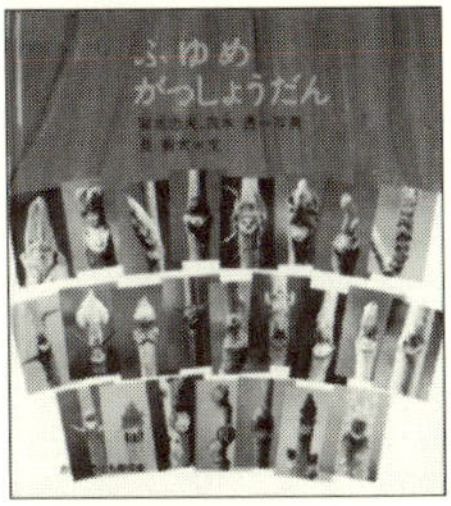

（福音館書店）

〈みんなは/みんなは/きのめだよ/はるになれば/はがでてはながさく/パッパッパッパッ〉

リズミカルな言葉が1ページごとに、木の芽の冬の姿を拡大して写した1枚の写真にそえられています。

木の芽をよくみると、ウサギやコアラなどの顔に見えてくる…。

子どもたちはこの神秘的な自然の造形の巧みさに驚き、さまざまな発見に目を輝かせます。そして、冬芽の顔さがしに夢中になるのです。

木の魂や生命の尊さも感じられる1冊です。

はちうえはぼくにまかせて　ジオン作／グレアム絵／もりひさし訳

（ペンギン社）

夏休みに、どこへも連れていってもらえないトミーが考えたアルバイトは、ご近所の鉢植えを預かる仕事です。熱心で上手な世話で、植物はどんどん成長します。図書館で調べて、立派に剪定までして、皆にとても喜ばれました。仕事に追われイライラしていたお父さんもトミーを見直し、家族でバカンスに出かけることに…。

家中を鉢植えの植物で、森のように変えてしまうほどの世話ぶりや、植物の正しい育て方を勉強するトミーの姿に子どもたちは感心しきりです。ソフトな色調で、青と黄と緑色が目に優しくあたたかく感じられます。

はなをくんくん　クラウス文／サイモント絵／きじまはじめ訳

（福音館書店）

〈ゆきがふっているよ〉雪の下には、野鼠、熊、リス、かたつむりが、それぞれの穴の中で眠っています。

〈や、みんなめをさます〉眠りから覚めて、一斉に駆け出した動物たちがピタリと止まった所には、黄色い花が1本咲いていたのです。

冬眠中の動物たちの穏やかな眠りから一転して、突然走り出す姿に目を凝らして聞き入っていた子どもたちが、大喜びします。墨コンテで描かれた画面いっぱいの動物たちと、色刷りの黄色い花のコントラストが鮮やかです。大型の画面が、動きと迫力を感じさせる作品です。

ふうせんクジラ　わたなべゆういち作・絵

（佼成出版社）

港まつりの日、母さんクジラの言うことも聞かずに、祭りの風船を次つぎと飲み込んだクジラのボンは、空に浮かんでしまいます。

サッカー場の上空でお腹にボールが当って、墜落しますが、港の人たちは、皆で力を合わせてボンを海へ帰してくれました。

海から空へと浮かび上がる鳥瞰絵図に、子どもたちは腰を浮かせてボンと同乗気分。空飛ぶクジラの冒険を満喫していきます。ジャンボジェットを彷彿とさせるボンの姿が気に入り、のびのびとクジラを描く子もいます。

ね、ぼくのともだちになって　カール作

（偕成社）

小さなねずみが「ね、ぼくのともだちになって」と、次つぎに動物たちのしっぽにむかって、声をかけていきます。最後はねずみに「ええ、いいわ。」の返事をもらい友だちになります。ページをめくるとしっぽの主が現れる展開に、子どもたちは何のしっぽなのか、想像をふくらませて楽しんでいきます。

ページの下に描かれていた緑の太線が、最後に長いヘビだったことがわかるなど、つながりをもった絵のあそび心が、たっぷりとつまった絵本です。

ねむれないの？ ちいくまくん　ワッデル文／ファース絵／角野栄子訳

（評論社）

〈なかなかねむれないよる〉を一度は経験したことのある子どもたちは、ちいくまくんに自分をおきかえてお話の中に入りこんできます。

暗くて怖がるちいくまくんに、だんだん大きなランプを持ってくるおおくまくんのやさしい表情や、2ひきのくり返しの会話からは、ほのぼのとしたあたたかさが伝わってきます。ほら穴から外へでた場面は、効果的に見事に描かれていて、思わず息をのむほどです。

ねむれない夜、子どもをひざの上にのせて、しっとりと読みがたってあげたい1冊です。

はじめてのおるすばん　しみずみちを作／山本まつ子絵

（岩崎書店）

みほちゃんは3歳。きょうは、はじめてのおるすばんです。ママが「み・ほ・ちゃん」ってベルを3つ鳴らすまでは、ドアを開けてはいけないのです。でも、ママが帰ってくるまでに、新聞屋さん、郵便屋さんが訪れます。

さあ、みほちゃんはどうするのでしょうか…。

ドキドキ・ハラハラする展開の中、みほちゃんを見守るような子どもたちのまなざしが見られます。

自分のはじめてのおるすばんを思い出し、みほちゃんの姿に共感を覚えるようです。

ちいさいおうち　バートン文・絵／石井桃子訳

（岩波書店）

四季の移り変わりがわかる、りんごの木に囲まれた丘の上に、ちいさいおうちが建っていました。ところが、町もだんだんにぎやかになり、やがては高層ビルが建ち並びます。ビルの谷間で気づく人がいなくなったおうちは、建てた人のひ孫の手で、また静かな郊外に移されていきます。

移り変わる町の様子を、ずっとみつづけてきたちいさいおうち。その無言の訴えを、絵から感じとることができます。親しみやすいやわらかな絵と、主人公がおうちになっているこの本。読み手の年齢によって感じ取り方に、深まりがでてくるようです。

どろんこハリー　ジオン作／グレアム絵／わたなべしげお訳

（福音館書店）

ハリーは白に黒のぶちのある、お風呂の大嫌いな犬です。ある日、体を洗うブラシを庭に埋めて外へ抜け出しました。

遊びまわって真っ黒に汚れていくハリーに自分を置きかえて、あんなに汚して遊びたいといううらやましさいっぱいの子どもたち。あまりにも汚れ、黒に白いぶちのあるハリーに、家族もハリーだと認めてくれずにしょんぼり顔…。ブラシを掘り出し、お風呂できれいにしてもらう場面では、家族にわっかてもらってよかったと、安堵の顔。

絵本の中を元気いっぱいかけまわるハリーと、同じ思いで楽しむ子どもたちです。

とんぼのうんどうかい　かこさとし絵・文

（偕成社）

すすき野原で赤とんぼの運動会が盛大に行われました。今日は引き分けに終わり、楽しい帰り道。しかし宿敵、ギャングこうもりに捕えられてしまいます。

袋の中のとんぼたちは、泣いていたら大事な時に力を出せないと、涙をふいて運動会でやった鈴割りの要領で袋を破り、抜け出してこうもりをやっつけるシーンは痛快です。仲間と力を合わせてがんばる素晴らしさと同じくらいに、にくみきれないギャングこうもりに、魅力を感じている子どもたち。赤とんぼ対ギャングこうもりの鬼あそびや、追いかけっこのあそびに発展させ楽しんでいます。

ダチョウのくびはなぜながい？　アーダマ文／ブラウン絵／まつおかきょうこ訳

（冨山房）

ずっーと昔、ダチョウがまだ短い首だったころのお話。

歯痛のワニが虫歯を取ってもらおうと岸辺で頼むのですが、ウミワシが騒ぎ立ててうまく行かずに、こんどはダチョウにお願いします。かわいそうに思ったダチョウがワニの口に顔を入れた途端、お腹のすいていたワニはつい口を閉じてしまいます。閉じたワニの口からやっと抜け出たダチョウの首は、すっかり伸びて長くなっていたのです。

聞き入った子どもたちは、ダチョウがワニの口から脱出する場面で、手を振りかざして応援を送りました。アフリカの昔話を絵本化した、マーシャ・ブラウンの最新作。

たろうのおでかけ　村山桂子作／堀内誠一画

（福音館書店）

今日はとってもうれしい日曜日。なかよしのまみちゃんの誕生祝いがあるのです。

たろうは、にわとりのこっこ、ねこのみーや、犬のしろ、あひるのがーこを連れて、贈り物を持って出発。道のりを急ぐあまり、交通ルールを守らず、おまわりさんや郵便屋さんに注意を受けてしまいます。

うれしいときのはやる気持ち、つい約束を忘れてしまうことは、どの子にも心当たりがあるはず。最後のシーン、緑の原っぱに青い空は、まみちゃんの家に到着できた、たろうのすがすがしい気持ちそのものです。

だんまりこおろぎ　カール作／くどうなおこ訳

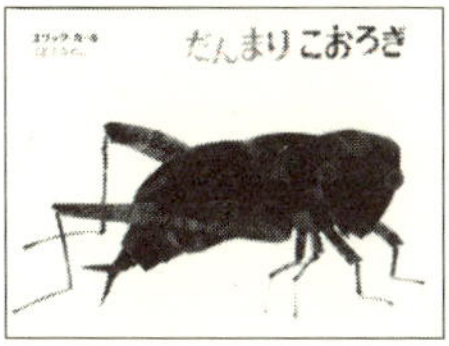

（偕成社）

生まれたばかりのこおろぎぼうやに、虫たちが〈おめでとう〉と挨拶してくれるのですが、おやおや、こおろぎぼうやは、声も出ないし歌えません。次つぎいろんな虫に出会っても、〈コシコシ〉羽をこすっても歌えません。

夜、やっとこおろぎ仲間の女の子を見つけ、羽をこすると〈コロ、コロ、コロ〉ときれいな声で歌えました。鮮やかな彩りの虫たちと、こおろぎとの対比が見事です。

最後の雌のこおろぎとの出会いで、実際に泣き声が出るしかけが、とても効果的です。子どもたちは喚声を上げます。

14ひきのおつきみ　いわむらかずお作

（童心社）

高い、高い樹の上に集まった、14匹の家族のひめねずみたちが静かに待っています。夕日が落ち、夜になると月が昇ります。おだんご、栗の実、どんぐりも供えて待っていた十五夜さん。〈おつきさんありがとう。たくさんのみのりをありがとう。やさしいひかりをありがとう。〉

お月見する14匹の家族が、満月の光に包まれて祈る情景は、はっと息をのむほど美しく、感動します。思わず手を合わせる子どももいます。

大家族の幸せと昔から伝わる風習の良さをうたっていて、『14ひきのシリーズ』の中でも出色です。

スイミー　レオ二作／谷川俊太郎訳

（好学社）

広い海で暮らす小さな魚たちの中に、みんな赤い色なのに1匹だけ黒い魚、スイミーがいました。

ある日、恐ろしいマグロが来て、赤い小魚をのみこみますが、泳ぐのが一番速いスイミーだけ逃げ延びます。

ひとりぼっちのスイミーは、やがて仲間の小さい魚たちと巡り合い、力を合わせ、大きな魚を皆で形どり、自分は目となってマグロを追い出しました。

水彩絵の具と版画による海の描写が美しく、その中に展開する小さな魚、スイミーの知恵と勇気に魅了され、どの子も夢中になります。

スプーンぼしとおっぱいぼし　八板康磨写真と文／杉浦範茂絵と構成

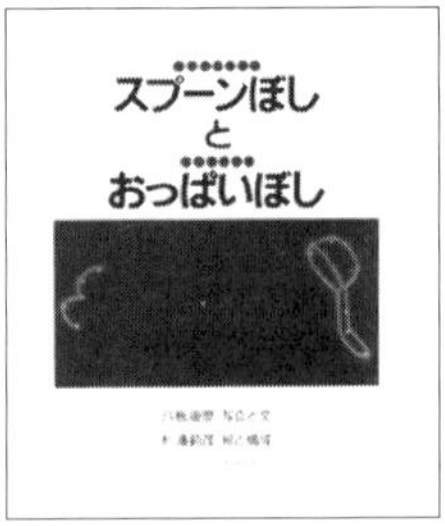

（福音館書店）

〈よぞらに、スプーンのかたちをしたほしがあるのをしってるかい〉と呼びかけた夜空には、スプーンの形をした北斗七星を描いています。その先にはおっぱいの形のカシオペア座が輝いて見えます。子どもたちの星座への興味や関心を引き立てる、親しみやすい構図とおっぱいの発想がおもしろい。

写真と描画を巧みに見やすく組み立てていて、天体の運行や時間の経過の関係を、わかりやすく知らせてくれます。星が動く光景は大人でもおもしろく、親子でも十分に楽しめる科学絵本です。

げんきなマドレーヌ　ベーメルマンス作・画／瀬田貞二訳

（福音館書店）

パリの、蔦の絡んだある古いお屋敷に、12人の女の子が暮らしています。中でも一番のちびのマドレーヌは怖いものなしのおてんばです。ところがある日、夜中に盲腸炎で入院します。世話係りのミス・クラベルと11人の子どもたちがマドレーヌのお見舞いにいくと、マドレーヌは手術の後の傷を自慢するほどの元気でした。

パリの町並みがしゃれたタッチで描かれています。12人の女の子とシスター・ミス・クラベルとの規則正しい寮生活の中で、元気いっぱいのマドレーヌが巻き起こすエピソードが笑いを誘い、心踊ります。

ケンケンとびのけんちゃん　角野栄子作／大島妙子絵

（あかね書房）

ケンケンとびが上手なけんちゃんは、なんにでも挑戦してはチャンピオンです。

ある日は、サーカスの団長になって大成功します。ケンケンピョーンとどこへでも飛んでいって、新しい事に取り組んでは、いつも精いっぱいがんばるけんちゃんと一体になって、子どもたちもやったーという満足感を、ともに味わいます。

けんちゃんを見守り助けてくれるお母さんの出番も、心にくい演出です。見開きに描写される絵の構成や、ダイナミックな鳥瞰図が躍動感いっぱいです。

こすずめのぼうけん　エインワース作／いしいももこ訳／ほりうちせいいち絵

（福音館書店）

にれの木に母鳥といっしょに住んでいた子雀は、巣から飛び立ちます。母鳥の言うことをきかずに、遠くまで飛びすぎた子雀は、からすややまばと、ふくろう、そしてかもの巣へと、次つぎと休ませて欲しいと頼むのですが、仲間でないと断られます。

疲れ果てた子雀が〈ちゅんちゅんちゅんてきり　いえないの〉と訴え、最後に出会ったのは母鳥でした。

広い世界に巣立った子雀が鳥たちとの出会いを通して、仲間の意味をやがて知っていくこの作品は、くり返しの問答のおもしろさが子どもたちをとりこにします。

からからからが…　高田桂子作／木曽秀夫絵

（文研出版）

なんとむかしがあったそうな。朝入って、出た時には陽が沈んでいるほど長い抜け穴“すがたかえ”のはなし。悪い狐が兎を追って入ったら、兎は化虎ほどの猫になって、子鼠に変わった狐を食べたという。

そこで銭勘定ばかりして、意地悪なぬさばあさんを穴へと追い込んだら、出てきたのは大卵。割っても割っても殻、殻、殻ばかり…、そして最後に出てきたものは…。

子どもたちは、摩訶不思議な変身の抜け穴のむかし話に身をのり出して、ぬさばあさんの変わりように息をのみます。アミダクジ風の迷路は大人気になります。

ガンピーさんのふなあそび　バーニンガム作／みつよしなつや訳

（ほるぷ出版）

ガンピーさんが舟で出かけると、子どもたちや動物たちが次つぎ乗り込んできます。舟の中では、けんかや騒がないようにとガンピーさんに言われたのですが、その約束は守られずに皆で大騒ぎになり、とうとう舟はひっくり返ります。でもガンピーさん、少しも皆をしからずに、家まで連れていき、ティータイムにします。

川下りの情景はセピア色に押さえ、特徴をとらえた愉快な動物たちは、彩色しデフォルメされた達者なペン画です。

〈またのりにおいで〉とのガンピーさんの優しい言葉に「のりたい！」とつぶやく子がいっぱい出ます。

きょだいなきょだいな　長谷川摂子作／降矢なな絵

（福音館書店）

〈あったとさ　あったとさ/ひろい　のっぱら　どまんなか/きょだいな　ピアノが　あったとさ/こどもが　100にん　やってきて/ピアノの　うえで　おにごっこ/キラキラグワーン/コキーン　ゴガーン〉

こんなきょだいな〇〇があったら…、このおもしろい発想の絵、そこにそえられている7・5調のリズミカルな言葉の心地よさ、この2つがぴったりとマッチした、楽しい本です。

子どもたちも、読んでいくうちにいっしょに口ずさんで、クラスの中で大合唱になったこともありました。

かいじゅうたちのいるところ　センダック作／じんぐうてるお訳

（冨山房）

いたずらをしたマックスは、お母さんにしかられて、夕食ぬきで寝室にほおりこまれてしまいます。次第に、夢の世界に入りこんでいくマックス。かいじゅうたちの王様になって、楽しい日々を送りますが…。

マックスの夢の世界に、子どもたちはどんどん引き込まれていきます。かいじゅうたちと踊る4ページにわたる絵だけの場面では、子どもたち一人ひとりの中にそれぞれの音が流れていくようです。

よく見るとやさしい顔をもったかいじゅうたちは、マックスを見守る家族のまなざしなのです。

かいぞくのうた　和田誠作

（あかね書房）

〈ほんを　よんでいたら/かいぞくに　なりたくなった〉〈ぼくは　せんちょう。/おとうとと　タマは　こぶん〉

ドクロマークの海賊の旗に海賊船、宝物をうばうたたかい、海賊の歌に宝島、海賊に憧れるおひめさま、船長を助けるこぶんなど、子どもたちがだいすきな海賊ごっこの魅力的な場面が、次つぎとでてきます。

〈おひめさまを　さらって、/うちに　かえった〉と、想像の世界であそんでいると思いきや、〈だから、ぼくのうちには/おひめさまが　います。〉という意外な結末に、おもしろさとワクワクした気分が残ります。

かっこからんこからりんこん　川崎大治著／遠藤てるよ画

（童心社）

むかしむかしね。下駄をなくしては〈げたかってえ〉とねだる女の子がいたの。その女の子が夜な夜な〈かっこからんこ　からりんこん/めんたまみっつに　はぁにまい…〉という歌声が聞こえてきて、とうとう泣き出してしまったの。ある夜、母親もいっしょにこわごわ見たその歌声の正体は…。それはいつもいつも女の子が大事にしなかった下駄が、おばけになって出てきていたというお話。

川崎大治さんのゆったりとした語りと、情感あふれる絵が、ちょっぴり怖いおばけの話をしっとりと伝えます。

おもしろとうさん　さとうわきこ作・絵

（フレーベル館）

『おりょうりとうさん』に引き続く第2弾。

〈とうさん、/とうさんってば、/どこか　あそびにいこうよ〉。いつも、ぐうたらしているとうさんをひっぱって公園へ。すると、子どものころを思い出したとうさんは、急に元気なとうさんになります。木登りにターザンごっこ、池の中を走りぬけて…。とうさんの気持ちは、子どもに戻ってしまいます。

どんな父親にも、子どものころの楽しい遊びやいたずらの思い出はあるはず。それを思い出し、“子どもとつきあってみようかな”という、父親の心をゆさぶる1冊です。

おやすみゴリラくん　ラスマン作／いとうひろし訳

（徳間書店）

夜の動物園です。守衛のおじさんが動物たちの檻に鍵をかけていきます。ところがその鍵をそっと抜きとったゴリラが、動物たちの檻をあけていき、守衛さんの部屋まで皆で入り込み、いっしょに眠ろうとします。それに気付いた守衛の奥さんは、少しも慌てず動物たちをまた、檻まで連れ帰りました。

夜更けの動物園の奇妙でおかしな出来事ですが、動物たちが黙々と連なっていく様子がユーモラスです。

読み進むとあっけにとられていた子どもたちは読後、何回も絵をよく見て、改めてにんまりしました。

おやすみなさいフランシス　ホーバン文／ウィリアムズ絵／まつおかきょうこ訳

（福音館書店）

「おやすみなさい」そう言ってベッドにはいったこぐまのフランシス。でも、窓をうつ蛾の音や、怖い顔にみえてくる天井のしみが気になって眠れません。そんなこぐまの不安を、親ぐまは、ひとつずつ丁寧に取りのぞいてくれるのです。

親子2代、3代にわたって読みつがれた、息の長い1冊です。やわらかいタッチで描かれている絵は、あたたかみがあり、引き込まれていく魅力があります。絵からも、文からも、親ぐまの愛情、親子の心のつながりが伝わって来て、おとなが読んでも心にしみいる絵本です。

おばけのバーバパパ　チゾンとテイラー作／やましたはるお訳

（偕成社）

フランソワ家の庭で生まれたおばけのバーバパパ。大きすぎて、動物園で飼われることになりました。動物たちと友だちになろうと、形をかえてアピールしますが、ここからも追いだされてしまいます。

しかし、町の中で起きた火事で人びとを助けて大活躍。町の人気者になり、家へ帰っていきます。

自由自在に姿をかえていけるバーバパパに、子どもたちは理屈ぬきで大喜びして楽しみます。人びとや動物・町並みも、表情豊かに描かれています。

楽しさと同時に、心がホッとなごむ本です。

おふろだいすき　村岡享子作／林明子絵

（福音館書店）

お風呂のだいすきなまこちゃんは、今日もおもちゃのあひる、プッカといっしょに入ります。

すると、湯船の底からカメが浮かんできて…。そのあとは、次つぎと水辺の動物たちが登場します。カメからはじまり、ふたごのペンギン、オットセイ、カバ、ついにはくじらと、少しずつ大きくなる動物とお風呂の空間は、次は何が出てくるのかな？　という子どもたちの期待のふくらみを表しているようです。

あたたかな色調の絵も、お風呂のぬくもりや楽しさを十二分に伝えます。

おみせやさん　かどのえいこ文／たばたせいいち絵

（童心社）

雨降りが続いて、遊びにいけないぼくが、ひとりではじめたお店屋さん。〈いらっしゃい、いらっしゃい。なんでも10えんでーす〉。最初にきたお客はすずめ。レインコートのかわりにハンカチを買っていきました。次は隣りの家のくいしんぼう猫。そして鼠のお母さん。最後は雨ぼうずが縄とびの縄を買って電車にして出ていくと、雨は止んでお天気に。

退屈な雨の日に、楽しい遊びをおまじないで考え出した主人公に同調した子どもたちは、早速お店ごっこをはじめる、そんなはずんだ文章とシンプルな絵が魅力です。

おかえし　村山桂子作／織茂恭子絵

(福音館書店)

ある日、たぬきの家の隣りにきつねが引っ越してきます。きつねの奥さんはたぬきの奥さんのところへ、イチゴを持って挨拶に行きます。すると今度はたぬきが「何か、おかえししなくちゃ」と、たけのこを持って「おかえしのおかえしです」ときつねの家へ。そして、きつねはまた「おかえしのおかえしのおかえしです」と、たぬきの家へ。

このおかえし合戦の結末は…？

何かを持っていくたびに「おかえし」の言葉が増えていくやりとりに、子どもたちもいっしょに口ずさみだします。おかえし合戦の展開に、ワクワクドキドキの1冊です。

おしいれのぼうけん　ふるたたるひ・たばたせいいち作

(童心社)

さくら保育園には、こわいものがふたつあります。おしいれとねずみばあさんです。ある日お昼寝前に、ミニカーの取り合いでケンカをしたさとしとあきらは、おしいれに入れられてしまいます。すぐに謝ると思った先生の予想は大はずれ。ふたりは闇からあらわれたねずみばあさんとたたかい、おしいれの大冒険をはじめます。

園の日常生活でよくおこる場面を素材にして、子どもたちの好奇心・冒険心・行動力を伝えています。鉛筆画の中に効果的に描かれているカラーの場面では、話のクライマックスとともに、ふたりの強いつながりを感じます。

おばけのどろんどろん　わかやまけん作・絵

(ポプラ社)

夜、おばけのどろんどろんは池の中に黒くて丸い物を見つけました。おばけと勘違いして、逃げ出すどろんどろん。でも同じおばけなら仲間です。気になって仕方がありません。勇気を出して見に行くたびに、黒いおばけはその姿を少しずつ変えていて…。ある日まったく姿が見えなくなり、代わりにかえるが！　そうです、黒いおばけの正体は、おたまじゃくしだったのです。

子どもたちはおばけがだいすき。見たことはないけれど、とても身近に感じています。好奇心旺盛で明るいどろんどろんとなら、友だちになりたいと思っています。

あな　谷川俊太郎作／和田誠画

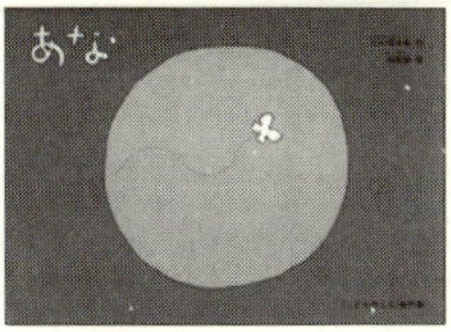

（福音館書店）

日曜日の朝、何もすることがなかったひろしは穴掘りを始めます。〈なにやってるの？〉と次つぎと聞かれますが、ひろしはただ掘るだけです。穴の中は静かで、土の匂いがします。穴の中に座っていると、いろんな人が声をかけていきますが、やがてひろしは穴を埋めていきました。

〈これはじぶんのあなだ〉と自問自答するひろしの表情は、自分の居場所を見つけた時の子どもの顔つきに似ています。見開きいっぱいの絵は空と土の中を対比させながら、おだやかで不思議な空間を作り出しています。

あやちゃんのうまれたひ　浜田桂子作・絵

（福音館書店）

6歳になったあやちゃんは、ママに生まれるまでの様子を話してもらいます。予定日に生まれずに心配したこと、やっと生まれた雪の朝のパパのあわてぶり。おじいちゃん、おばあちゃんの喜んでくれたこと。

家族に祝福されて生まれた幸せがひしひしと伝わってくる、あったかな絵と文章です。6歳の誕生日にママからの最高のプレゼントとなるお話は、事実にもとづいて書き上げたものです。

うれしそうに聞いた子どもたちが、家に帰って「うまれたときのことはなして」とせがむ、すてきな作品です。

おかあさんがおかあさんになったひ　長野ヒデ子作

（童心社）

生まれる予定の日がすぎたので、お母さんは入院しました。おなかの赤ちゃんの心臓の音を聴かせてもらったり、病院の中を散歩しながらお母さんは、おなかの赤ちゃんを思い、語りかけます。お父さんもかけつけ、いよいよ赤ちゃん誕生のとき、うれしさでお母さんの目から涙があふれます。はじめてのおっぱいをあげながら〈あなたのおかげでお母さんになれたのよ〉と語りかけます。

子どもたちは自分が生まれたときは、どうだったのだろうと思いをはせ、母親のぬくもりや温かく深い愛情を改めて思い、幸せな気持ちにさせてくれる1冊です。

ブックリスト――
この絵本、だいすき！
4、5、6歳で出会ってほしい《50冊》

あおくんときいろちゃん　レオーニ作／藤田圭雄訳

（至光社）

あおくんときいろちゃんはお隣り同士の仲良しです。

ある日、お留守番を頼まれたのに、あおくんはきいろちゃんと遊びたくなって街へでかけ、出会ったきいろちゃんとうれしさのあまり抱き合ってしまいます。すると、ふたりは緑色に。さんざん遊んで家に帰ったら〈このみどりのこ、うちのこでない〉と言われしょんぼりです。

ちぎり絵で作った青と黄色の丸い形が主人公で、意表をつかれますが、いつの間にかかわいい子どもに見えてきます。子どもたちはすんなりと絵本に入り込んで、話の展開と色の混じり合いをとても喜びます。

あたらしいおふとん　ジョナス作／角野栄子訳

（あかね書房）

赤ん坊の時から使っていた衣類やシーツなどで、パパとママが新しいおふとんを作ってくれました。いろいろの絵柄を生かしてパッチワークしたおふとんは、わたしの思い出がいっぱいです。いつか眠っていたわたしは、大事なぬいぐるみの犬のサリーを探し回っていました。

ふとんのパッチワークされた絵柄が、図案のようにカラフルで美しい。主人公の女の子の語りで展開する幻想の世界が、夢ともうつつともつかず、引き込まれていきます。

「きれい！」と魅力的なふとんに目を見張る女の子も多く、幻想的な展開を満喫します。

ロージーのおさんぽ　ハッチンス作／わたなべしげお訳

（偕成社）

めんどりのロージーが散歩に出かけます。途中できつねにねらわれそうになりますが、本人にはまったく気づかないところで、いろいろなことが起こります。絵が語り、よけいな説明がまったくない絵本です。

この絵本を読むと「ああー」、「あぶない」などのつぶやきが多く聞かれます。追ってくるきつねを指で押さえて、教えてくれたりすることもありました。何度か読むうちに、1ページ目のおさんぽコースの全体の絵を見て、「こうやっていったんだよ」となぞりました。

ハッチンスのセンスが光る作品です。

わたしとあそんで　エッツ文・絵／よだじゅんいち訳

（福音館書店）

朝日がのぼったとき、はらっぱにあそびにいった女の子。女の子が〈あそびましょ〉と声をかけたり、つかまえようとしたりすると、バッタも、かえるも、かめも、りすも、動物たちはみんな逃げてしまいます。

でも、音をたてずに腰かけていると、みんなもどってきて、女の子のまわりに。やさしい気持ちで待っていると、友だちはやってくるということでしょう。

しかの赤ちゃんにホッペをなめられるところでは、子どもたちはうらやましそう。黄色を基調にしたデッサン風の絵が、あたたかい気持ちにしてくれます。

わたしのワンピース　にしまきかやこ文・絵

（こぐま社）

空からふわふわって落ちてきた真っ白な布で、うさぎはミシンカタカタと、ワンピースをつくりました。〈わたしに、にあうかしら〉の問いかけに、子どもたちはみんなで「にあうー」と答えます。

お花畑を散歩するとあら不思議。ワンピースが花もように。雨が降ってくると、水玉もように。小鳥のもようのワンピースで、空をとべば今度は虹色に。「こんなワンピースほしいな」と、子どもたち。

単純な絵が、子どもたちには新鮮にうつるようです。

みんなうんち　五味太郎作

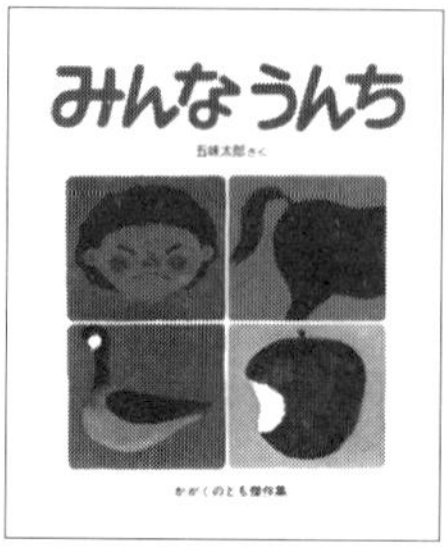

（福音館書店）

〈おおきいぞうは、おおきいうんち〉〈ちいさいねずみは、ちいさいうんち〉〈ふたこぶらくだは、ふたこぶうんち？〉〈これはうそ！〉

いろいろな動物の、いろいろなうんちをする姿が、カラフルに楽しく描かれている絵本です。

〈いきものは、たべるからみんなうんちをするんだね〉というひとことで、「うんちは大切なもの」ということがわかり、うんちに興味津々の子どもたちは納得します。赤ちゃんが、オムツにうんちをしているところを見て、「トイレでうんちできるもん」と得意顔の子どもたちです。

もりのなか　エッツ文・絵／まさきるりこ訳

（福音館書店）

「ぼく」は森へ散歩に出かけました。

道すがら出会った動物たちは、それぞれの生活を楽しくすごしていますが、皆「ぼく」の散歩についてきます。いっしょにおやつを食べて、ゲームをして、次はかくれんぼ。「ぼく」が鬼になり、皆がかくれますが、お父さんが迎えにきて…。

黒一色。それが子どもたちにとっては、逆に新鮮です。遠近法で、見事に深い奥ゆきが描かれています。

森の中の不思議で神秘的な様子が表現されていて、子どもたちの想像の世界を広げてくれます。

ゆうたくんちのいばりいぬ 1〜9　きたやまようこ作

（あかね書房）

ゆうたくんちの犬、じんぺいはハスキー犬独特の厳しい目で彼の家族と社会を見つめます。犬の「おれ」と人間の「おまえ」を比較したり、散歩のとき出会う、猫や虫を観察したり、家族をじっくり見つめているのです。そして最後のページでは、ゆうたを元気づけてくれたり、生き物にあたたかい言葉をかけます。

シンプルだけれど、動きや表情がリアルな絵は、ことば以上に多くを語ってくれます。

読んでもらったあと、子どもたちはさっそく「おれ、いぬ」と、犬ごっこをはじめます。

ぼく、お月さまとはなしたよ　アッシュ文・絵／山口文生訳

（評論社）

クマくんはお月さまを見上げて、誕生日の贈り物をあげたいなと思い、お月さまと話しに、山のてっぺんに登ります。クマくんの質問にお月さまは、まったく同じに答えます。お月さまのために帽子を買いにいったクマくんは、木のてっぺんに帽子をかけて、プレゼントをしました。その帽子が落ちて、クマくんはお月さまからのプレゼントと思います。その帽子が今度は風に飛ばされて…。

こだまを知らない2、3歳児でも、クマくんとお月さまのくり返しに反応して、とても喜びます。風に飛ばされた帽子の行方は？

ぼくはあるいたまっすぐまっすぐ　ブラウン作／坪井郁美文／林明子絵

（ペンギン社）

ある日、おばあちゃんから電話があり、ぼくはひとりで、おうちの前のみちをまっすぐいって、いなかみちをまっすぐまっすぐ歩いていきました。途中で花を摘んだり、きいちごをとっておみやげにしたり、川を渡ったりします。

山を越えてまっすぐ行くとぶつかったのが、おばあちゃんの家。と、思いきや馬が顔を出してびっくり。犬が出てきたり、はちに追いかけられてこわかったけれど、やっとおばあちゃんの家につき、ケーキを食べてホットひと息。

子どもたちは美しい風景の中を主人公になったつもりで、ドキドキしながらまっすぐに歩いていきます。

まどからおくりもの　五味太郎作・絵

（偕成社）

サンタクロースがヘリコプターに乗って、やってくる。そのことからしておもしろい話です。

プレゼントを配る家の窓のところに穴があいていて、中がみえるしかけ。きつねの家かと思ったら、わにの家だったり…。わにの家だと思ったら、うさぎの家だったりと、ページをめくる楽しさと意外性に、子どもたちはびっくりするやら、喜ぶやら。

そそっかしいサンタクロースのプレゼントをうまく利用して、なんとか楽しいクリスマスがやってきました。

深い色あいの絵を見て、さわって楽しめる絵本です。

バルボンさんのおでかけ　とよたかずひこ著

（アリス館）

ワニのバルボンさんは、ピンクの屋根のお家に住んでいて、新聞を取りに出たり、お花に水をやったり、近所の人たちとのご挨拶も欠かしません。かぎをかけて、バスに乗って、おでかけです。さて、バルボンさんのお仕事は？

ひとり暮らしのワニの姿と、ワニの体型の特徴が、やさしい色づかいで描かれています。

バルボンさんを取り巻く人びとが皆いい人で、読者の心をあたたかくしてくれます。ワニが当たり前のように人間社会で暮らしていることを、子どもたちは絵本に登場する人びとのように、自然に受け入れてくれます。

ピン・ポン・バス　竹下文子作／鈴木まもる絵

（偕成社）

駅前を出発したバスが、「ピンポン」の合図で学校、病院などのバス停でとまりながら、山の終点に向かいます。

やさしい運転手と乗客、乗客同士の交流、町や、町から山に移り変わる様子が、子どもに分かりやすく描かれています。バスがとまる前の「ピンポン」という心地よい響きが、ページ数の多さにもかかわらず、子どもたちの集中力を持続させるゆえんでしょう。

最終のページには運転手席の説明図がついていて、乗り物マニアの子どもたちが楽しみます。図鑑ばかりに興味を示す子どもの、お話絵本の入門書となりそうです。

ふんふんなんだかいいにおい　にしまきかやこ文・絵

（こぐま社）

お母さんの誕生日に、お花をプレゼントしたくて摘みにでかけたさっちゃん。口のまわりに食べものがついていたので、動物たちになめられそうになります。でも、動物たちは、さっちゃんの家で、おいしいものを食べさせてもらうことに。お花をお母さんにプレゼントしたさっちゃんは、だっこをしてもらってうれしそう。自分のお母さんは死んでしまったと、大泣きするおおかみの子。そこでさっちゃんは、おおかみの子にお母さんを貸してあげました。

だっこしてもらって大満足のおおかみの子。お母さんのぬくもりが伝わってきて、胸があつくなるお話です。

はっぱのおうち　征矢清作／林明子絵

（福音館書店）

さちが庭で遊んでいると、ほっぺたに雨が、ぽつんと落ちてきました。でもさちには、すてきなかくれるおうちがあったのです。それははっぱのおうち。そこにはかまきりやちょうちょ、こがねむしなど、いろいろな虫が雨やどりにやってきます。

てんとうむしを頭にのせたさちが〈みーんな、おなじうちのひとみたい〉という言葉どおり、絵本からはほんわかと、あたたかい雰囲気がただよってきます。

子どもたちはたくさんのお客様をみつけて大喜び。庭ではっぱのおうちをみつけて、遊んだほどです。

ばばばあちゃんのアイス・パーティー　さとうわきこ作／佐々木志乃協力

（福音館書店）

〈きょうは、ほんとうにあついねえ。なにかすずしくなるほうほうは、ないかね〉と、ばばばあちゃん。そこで氷のおかしをつくって、アイスパーティをすることを思いつきました。みんなでジュースやチョコ、果物、キャラメル、はたまたようかんや梅干、ミニカーまでこおらせます。お花もこおらせて涼しそう。

気持ちのよいほどみんなを仕切って、豪快なばばばあちゃん。最後にお風呂の中で、アイスを食べているのには驚きました。まねをして、アイスパーティを開いたという子がいたほど。次は何をこおらせようかな。

はらぺこあおむし　カール作／もりひさし訳

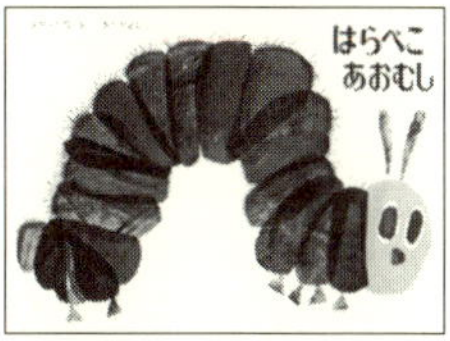

（偕成社）

はっぱの上の、小さなたまごから生まれたはらぺこあおむしは、毎日果物を食べ続けました。土曜日にはケーキ、アイス、チーズ、サラミなどをたくさん食べすぎて、おなかが痛くなってしまったほど。

大きくて、ふとっちょになったあおむしは、やがてさなぎになり、ついには立派な美しい蝶に成長します。

絵本の、食べ物の部分にあいている小さな穴に指をいれて、あおむしになったつもりで、ぱくり！　何といってもさなぎが蝶になるところが、感動的。やさしくて深い色あいの絵が、生命の不思議さを伝えてくれます。

はけたよはけたよ　かんざわとしこ文／にしまきかやこ絵

（偕成社）

たつくんはパンツがうまくはけず、おしりを出したまま外に出かけ、出会った動物たちに笑われます。どろんこで帰ったたつくんを優しく迎えたお母さんは、おしりを洗ってくれます。またパンツをはこうとしてドテンところぶたつくんですが、ころんだままはけるようになります。お母さんが作ってくれたパンツをはいて、外に出ると、さっき笑っていた動物たちに、うらやましがられます。

子どもたちはたつくんに共感して、パンツがはけるようになったことの喜びをわかちあいます。お話にぴったりの、ほのぼのとした絵も魅力的です。

はこ　栗山邦正作・絵

（徳間書店）

おとこのこが、たいこをたたきながら野原を歩いていくと、小さな箱が落ちていて、リスが飛び出しました。リスといっしょに歩いていくと、また箱が落ちていて――リズミカルで楽しい擬音が続き、最後に出てきたものは…。

子どもが描いたような親しみやすい、それでいてスケールの大きい絵も魅力です。

子どもたちは、箱の大きさや形から何が出てくるか想像したり、友だちとあてっこをしたり、くり返し読んでもらって楽しみます。

はじめてのおつかい　筒井頼子作／林明子絵

（福音館書店）

あやちゃんは、大忙しのママに頼まれて百円玉を握りしめて、急いでおつかいにでかけます。

3歳児は、百円玉を落としてしまうあやちゃん、お店のおばさんに気づいてもらえず、不安そうなあやちゃんを、息をのんで見守ります。そして、ひとりでやりとげたあやちゃんを、尊敬の目で見つめます。

細かく描かれた風景には、迷い猫の貼り紙があったり、からっぽの鳥かごを持って、窓の外を見ている人の目線のむこうに、電線にとまっているインコがいたりと、絵を楽しむように工夫されています。

とんでけとんでけおおいたい！　梅田俊作・佳子作・絵

（岩崎書店）

えみちゃんが〈ころんで、いたいよ〉と泣きました。すると〈いたいの、いたいのとんでいけー〉と、お母さんがお兄ちゃんに投げ、お兄ちゃんは犬のブルへ。ブルは、ねこのフーコへ。

次つぎととんでいった、いたいのいたいのは、最後にお母さんのところへ。お母さんはそれにさとうを入れて、よくこねて、まるめて食べてしまいます。

やさしい色あいの登場人物が、絵本の中に踊るように描かれていて、その躍動感が伝わってきます。「いたいの○○ちゃんにとんでいけー」と、まねしてしまうほどです。

ねずみくんのチョッキ　なかえよしを作／上野紀子絵

（ポプラ社）

おあかさんがあんでくれた、ねずみくんにぴったりの赤いチョッキ。そこへあひるくんがやってきて、〈ちょっときせてよ〉と借りることに。〈すこしきついが、にあうかな〉と言いながら、次つぎと動物たちが着ていって、ぞうさんが着たあとは、チョッキはのびにのびてしまい、ひきずるほど。緑を基調とした右のページ。左は赤いチョッキがパッと目立つように、バックが白になっています。

子どもたちは、動物たちには赤いチョッキがにあわないと言って大さわぎ。のびたチョッキを、ぞうの鼻にかけてブランコにするところでは、大笑いでした。

ねずみぬりたて　ウォルシュ作／たかはしけいすけ訳

（セーラー出版）

まっしろい3匹のねずみが、赤・黄・青の絵の具で体を塗ったり、色混ぜをしてあそびます。

きりえ風に表現されたねずみは、いきいきとして躍動的です。三原色を使っていますが、押さえられた色調のため子どもの目にやさしく入っていきます。

大人は、色の名前を覚えたり、混色を学ぶキッカケになるようにと、読んであげるかもしれません。けれども子どもたちは、3匹の子どものねずみが、うれしそうに絵の具であそんでいる様子を、自分と同化させて、楽しんで見ているようです。

とこちゃんはどこ　松岡享子作／加古里子絵

（福音館書店）

とこちゃんは、元気なおとこのこ。おばあちゃんにもらった赤い帽子をかぶって、どこへでも、とことこかけ出していってしまいます。元気なとこちゃんを追いかけた大人のほうが、ぐったり。

市場、動物園、海やお祭り、デパートと、子どもたちはとこちゃんをさがすのに、一生懸命です。

細かく描かれた情景を見ているだけで、楽しくてワクワクした気分になれます。

そして子どもたちの、とこちゃんをさがし当てたときの笑顔！　とってもうれしそうです。

とらっくとらっくとらっく　渡辺茂男作／山本忠敬絵

（福音館書店）

2、3歳のころの男の子は、自動車、電車などの乗り物に興味を示して、名前をすぐに覚えたりします。本物そっくりの絵は、そんな子どもたちの興味をそそり、絵本を開くきっかけになったりします。

この本に出てくる道路標識は、車で出かけて目にすることが多いせいか、すぐに子どもたちが飛びつきます。標識の説明を読んであげると、意味がわからなくても、答えるようになりました。

「とらっく」を見つけるとうれしくなる子どもの心を、しっかりとつかんだ作品です。

とりかえっこ　さとうわきこ作／二俣英五郎絵

（ポプラ社）

ひよこが遊びにでかけます。ネズミに出会って、鳴き声をとりかえっこします。ちゅうちゅう鳴きながら行くと、かえるに会います。次つぎと出会う動物と鳴き声をとりかえっこして、強敵の猫までおいはらってしまいます。

日本画調の絵に描かれている小さな草花や虫たちを、子どもたちはすぐに見つけます。登場してくる動物たちには、必ずそれぞれの家族や仲間がいて暖かさを感じます。

3歳になると、鳴き声のとりかえっこの意味がよく分かってきて、さっそくごっこあそびが始まります。とくに、かめの〈む〉という鳴き声が人気です。

ちいさなきいろいかさ　にしまきかやこイラスト／もりひさしシナリオ

（金の星社）

「こんなかさがあったら、楽しいよね」と、子どもたちの笑顔と夢が広がる1冊です。

おさんぽしている主人公のかさに入ってくる動物が増えていくたびに、どんどんかさが大きくなっていき、動物たちがそれぞれ雨やどりの場を見つけると、小さなかさに戻ります。

話の中に、リズミカルな言葉が添えられていることで、大人でも心がはずむ魅力のある絵本になっています。

〈つっつっつっ〉とかさが伸びていく場面が、子どもたちはだいすきです。

ディジー　コッパー作／いわきとしゆき訳

（アスラン書房）

ブルテリアのディジーは、自分が赤ちゃんだと思っています。本当の赤ちゃんのおもちゃを取り上げたり、散歩のときはバギーに乗ってしまったり、ご飯まで赤ちゃんのを食べてしまいます。でも最後にはディジー自身が赤ちゃんをうんで、赤ちゃんをやっていられなくなります。

ページをめくるごとに現れる、犬の表情がとてもリアルで、ディジーの気持ちがよく伝わります。弟妹がうまれ、急にお兄ちゃん、お姉ちゃんにされた子の気持ちを、ディジーが代弁しているようで、弟妹のいる子どもたちの共感を、とくに呼ぶようです。

てぶくろ　ウクライナ民話／ラチョフ絵／うちだりさこ訳

（福音館書店）

〈てぶくろにすんでいるのはだれ？〉〈わたしもいれて〉〈どうぞ〉と、子どもたちは『てぶくろ』の話の、ごっこあそびを始めます。

森を歩いていたおじいさんが、てぶくろを片方落とし、そこに次つぎと動物たちがやってきて、てぶくろの中に入ってくらすという話。たくさんの動物が小さなてぶくろに入っていくと、ハシゴがついたり、窓が作られたり、煙突から煙が出たり…。動物たちのやりとりが、楽しいだけでなく、民族衣装を着た動物の表情が、とてもリアルに描かれています。

さつまのおいも　中川ひろたか文／村上康成絵

（童心社）

土の中にくらしているさつまいもは、ごはんを食べるし、トイレには行くし、お風呂に入ったり、トレーニングをしたり、夢もみたりします。

よく眠って秋になり、いも畑に子どもたちがやってきて、いもほりをします。おいも対人間の綱引きは、人間の勝ち。ところがやきいもにして食べた子どもたち、くさいおならがプップップーッ。〈わたしたちのかちでごわす〉といったのは、おいもでした。

おいもの表情がリアルで楽しく、おならの場面の色づかいには、納得してしまうほどです。

三びきのやぎのがらがらどん　北欧民話／ブラウン絵／せたていじ訳

（福音館書店）

名前がどれも〈がらがらどん〉という、大中小3匹のやぎが、たくさん食べて太ろうと山の草場に向かいます。途中、橋の下には気味の悪いトロルが待ち構えていて…。

やぎたちは、それぞれの個性を生かしてトロルをかわし、大きいやぎが川底につき落として、3匹は山で草をおなかいっぱい食べて、歩いて帰るのも大変なくらい太りました。

リズミカルな擬音語と、お話のくり返しのおもしろさはもちろん、〈ぐりぐりめだま〉などの耳慣れない言葉も、迫力のある絵に助けられて、自然に子どもの中に浸透していきます。3歳児は、この劇あそびがだいすきです。

だるまちゃんとてんぐちゃん　加古里子作・絵

（福音館書店）

だるまちゃんとてんぐちゃんは、なかよしのおともだち。だるまちゃんは、てんぐちゃんのもっているうちわやぼうし、げた、鼻がほしくて、そのたびにお父さんにねだります。

でも、お父さんの出してくれたものでは気にいらず、なにげないものを見つけて代用します。それで満足するだるまちゃんです。

「だるまちゃんは、いいものをみつけたね」と、子どもたちは発見する喜び、そして工夫する楽しさを、この本から学ぶでしょう。

ごろごろにゃーん　長新太作・画

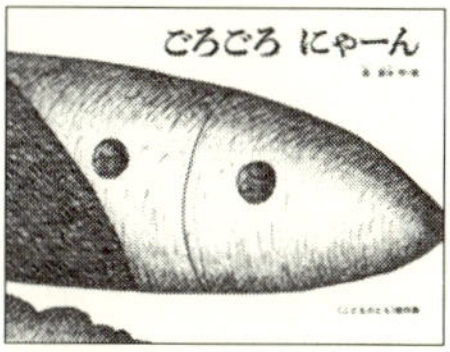

（福音館書店）

〈ひこうきは　ごろごろ、ねこたちは　にゃーん　にゃーんないています〉〈ごろごろ　にゃーん　ごろごろ　にゃーん　と、ひこうきは　とんでいきます〉。

この絵本に出てくる言葉は、これだけです。それでも作者独特の絵が、子どもたちの想像力をかき立ててくれて、ページが変わるごとに目を輝かせます。

3歳くらいまでは、同じ言葉のくり返しを素直に受け入れてくれますが、3歳少しすぎると「なんか、へんだな」という表情をします。けれども読み進むうちに、その「へんだな」を楽しんでいるようにも見えます。

ころちゃんはだんごむし　高家博成・仲川道子作

（童心社）

だんごむしのころちゃんは、お母さんやたくさんのお兄さん、お姉さんと石の下にすんでいます。

ある日、おさんぽに行って、みんなとはぐれてしまい、かまきりやもぐらに食べられそうになります。危ういところを、せみの幼虫に助けてもらってホッと安心！

どこにでもいるだんごむしが主人公とあって、子どもたちは親近感をもって、いっしょにドキドキ、ハラハラ。

せみがからをぬいで、大人になるところをみて感心したり、だんごむしも脱皮することを知っておどろいたり…。庭でだんごむしさがしに、いっそう熱が入りました。

こんどはだれをよぼうかな　武鹿悦子文／瀬戸好子絵

（アリス館）

〈なんだか　なんだか　よびたいな　おかあさーん　おかあさーん〉。おかあさんを呼んだ後、まなみちゃんは、次つぎに身近な動物や物を呼んで行きます。

あたたかみのある絵と歌っているような言葉に、子どもたちは自然に引き込まれ、リズムに乗って体を動かします。

最後のページで、想像の世界で遊んでいたまなみちゃんは、怖くなってしまっておかあさんに助けを求めます。そして、おかあさんがやさしく抱きしめてくれるのです。

呼べば必ず答えてくれる、怖くなったら助けてくれる、そんなおかあさんが一番すきと子どもたちは実感します。

きょうのおべんとうなんだろな　きしだえりこ作／やまわきゆりこ絵

（福音館書店）

野原で、男の子と動物たちが次つぎにお弁当をあけていきます。うさぎには、ニンジンとキャベツとリンゴサラダ、ぞうには、バナナが20本とキャベツがまるごと3個。

それぞれの個性にあった、おいしそうなお弁当の中身が出てきます。絵のほうも、動物たちがいきいきと楽しそうに描かれていて、読者の心もおどります。

最後の〈きょうのみんなのおべんとう〉のページでは、「あっ、くまさんのおべんとう」「これは、むしさんのだ」と、あてっこを友だちといっしょにします。

ぎょうれつぎょうれつ　ルッソ絵・文／青木久子訳

（徳間書店）

サムが積み木で遊ぼうとしていると、おかあさんが呼びました。サムは積み木を並べて〈ぎょうれつ　ぎょうれつ〉と台所へ向かいます。近くの物をどんどん並べて、もう少しというところで並べる物がなくなってしまって…。

3歳ぐらいの子どもは、並べるのがだいすき。この本を読んでもらった後は、「ぎょうれつ　ぎょうれつ」ととなえながら並べてあそびます。

そんな子どもの気持ちを、やさしく受け止めてくれる絵本の中のおかあさんがすてき。この絵本と出会って、日ごろの自分を反省させられるおかあさんもいます。

ぐりとぐら　なかがわりえこ作／おおむらゆりこ絵

（福音館書店）

のねずみのぐりとぐらが、森の奥でとっても大きな卵を見つけますが、あんまり大きすぎて運べないので、森でカステラを作ることにしました。〈ぼくらのなまえはぐりとぐら〉と、いっしょに歌いたくなりそうな言葉がくり返されているうちに、たくさんの動物も集まってきます。

子どもたちは、だいすきなお料理、食べること、そしていろんな種類の動物がたくさん出てくるこの絵本の魅力に、とりつかれてしまいます。

最後のページには、ぐりとぐらが卵のからを使って作った、とってもすてきなものが描かれています。

かばくん　岸田衿子作／中谷千代子絵

（福音館書店）

〈どうぶつえんに　あさがきた〉ではじまるかばの親子の一日。今日は日曜日、かめくんがやって来ていっしょに遊んだり、キャベツを食べたり、お昼寝したり…。そして夜、ちびのかばくんは、おかあさんといっしょに眠ります。

どのページにも格調高いかばの絵が描かれていて、読者をひきつけます。そして、詩のような文章を、子どもたちはすぐに覚えて暗唱します。

特に〈かばのこより　ちさい　かめのこ　かめより　ちいさいもの　なんだ？〉のところがだいすきで、みんなで声をそろえて「あぶく」と答えるのを楽しみます。

かみさまからのおくりもの　ひぐちみちこ著

（こぐま社）

〈あかちゃんが　うまれるとき　かみさまは　ひとりひとりの　あかちゃんに　おくりものを　くださいます〉

天使が赤ちゃんに、それぞれの個性を届けるのです。そしてみんな、神様の贈りものを大切にして大きくなります。

絵は、切り絵で表現されているので、立体的に見えて子どもたちの理解を助けてくれます。暖かい色使いと、登場人物のやさしい表情が、読後に幸福感を与えてくれます。

子どもたちといっしょに見ているお母さんも、わが子が生まれたときのことを思い出します。そして、日ごろ無理な要求を子どもにしている自分を振り返ります。

キャベツくん　長新太文・絵

（文研出版）

いつもおなかをすかして、キャベツくんを食べそうになるブタヤマさん。ぼくを食べると〈こうなる！〉と、キャベツくん。空には鼻がキャベツになっているブタヤマさんが、ポッカリ浮かんでいます。

じゃあ、ライオンがキャベツくんを食べたら？　ゾウは？　クジラは？　次つぎと空に浮かぶキャベツの動物たちを見て、子どもたちは、「こうなる！」と大声で叫び、いろいろと想像しながら楽しみます。

黄色と緑色を基調としたやさしい雰囲気の絵と、気持ちのやさしいキャベツくんが魅力の絵本です。

おやつはいちばんなにがすき　武鹿悦子文／いがわひろこ絵

（アリス館）

〈ぽっ　ぽっ　ぽー〉とおやつの合図を知らせる鳩時計。その鳩は、〈ちゅぷ　ちゅぷ　ちゅっ〉とぶどうがだいすき。ほかの動物たちも、うれしそうに好物をほおばります。

〈おやつは　いちばん　なにがすき？〉のやりとりを喜ぶ子どもたちは、絵を見ながら「アイスクリーム」と得意げに答えます。〈ぺろんこ　ぺろんこ〉と、リズミカルな言葉にのってアイスクリームをなめる子どものしぐさは、なんとも愛らしいものです。

絵は原色をぼかしたようなやわらかな曲線に、動物のかわいらしさと、やさしい雰囲気をかもしだしています。

かえりみち　あまんきみこ作／西巻茅子画

（童心社）

野原のまんなかで、女の子が迷子になって泣いています。そこへキツネがやってきていっしょに探してくれます。女の子の家は見つかりますが、今度はキツネの家が分からなくなってしまいます。そこにこぐまがやってきて…。

幼児にとって、迷子になってしまうということは、重大なことです。でも、この絵本では必ずお家が見つかって、ほっとさせてくれます。最後のお母さんの登場で、子どもたちは安心します。お母さんがいればもう大丈夫、親子の信頼感をやさしい語りで、実感させてくれます。

親しみやすい絵とお話がぴったり合っています。

かさ　松野正子作／原田治絵

（福音館書店）

〈あかいかさ、あたしのかさ〉といって女の子が登場。次つぎと、男の子や女の子が、いろいろなかさをもって出てくるたびに、子どもたちは喜んで、絵本と同じ文章をくり返して言います。

絵本の左側のまっ白なページには、簡単で短い文章。右側のページには、かさが目立つように工夫された、色づかいのはっきりした絵が、子どもたちの興味をひきます。

「こうちゃんのかさは、こまだぞう」「けんちゃんのかさは、けんだぞう」のところは、ことばのごろあわせが楽しく、子どもたちが何よりも共感する場面です。

おばけのてんぷら　せなけいこ作・絵

（ポプラ社）

お弁当のおかずのてんぷらを、こねこくんから分けてもらったうさこは、おいしいので、自分でも作ってみることにしました。

てんぷらを揚げていると、山のおばけがやってきて、つまみぐい。

でもおばけは、てんぷらの衣の中にまちがって〈ポッチャーン〉と、落ちてしまいました。

「あっ、おばけのてんぷらができちゃう！」と心配な子どもたち。うさこや、おばけの表情がはっきりしていて、楽しい切絵の絵本です。

おやすみなさいコッコさん　片山健作・絵

（福音館書店）

夜、起きているのは、お月さまだけかと思ったら、ひとりだけねむっていない女の子が“コッコさん”です。お母さんのようにお月さまが話しかけます。〈コッコさん　おやすみなさい。もう　そらの　くもも　ねむったよ〉。するとコッコさんは〈そらの　くもが　ねむっても　コッコはねむらないもん〉と答えます。

お月さまとコッコさんのやりとりのくり返しに、幼い子どもたちも眠りにつきます。２歳半の男の子が何度も読むうちにコッコさんになりきって、コッコさんのセリフを言い出しました。青白い夜空と月光が神秘的です。

おやすみなさいのほん　ブラウン文／シャロー絵／いしいももこ訳

（福音館書店）

夜になって、おひさまが地球の向こう側にかくれて、なにもかもが、眠りについて行く…。

単純明快なタッチと、同系色に押さえ、色鉛筆で彩色した絵は、子どもの心にふわっと入り込むようです。

保育園で、午前中たくさん遊んで、笑ったり泣いたり、興奮気味の3歳児も、この絵本を読むと不思議に心が安まるようで、ほっとしてお昼寝に入ります。乗り物ずきな男児は、〈じどうしゃの　おうちは　がれーじです。…しずかなえんじん〉のフレーズがだいすきで、すぐに覚えて、自動車あそびの時、さっそく使っています。

うんちしたのはだれよ！　ホルツヴァルト文／エールブルッフ絵／関口裕昭訳

（偕成社）

ある日、もぐらくんの頭の上に、茶色でふっくらとした、ソーセージのようなうんちがおっこちてきました。

頭にうんちをつけた、なんともこっけいなもぐらくんが、うんちをした犯人を見つけ出すというお話。

動物が画面いっぱいに描かれていて、迫力満点。それぞれ動物によって、うんちが違うということがよくわかって、感心する子どもたちです。

最後に、犯人だった犬の頭の上にプリンと、小さなうんちをお返しするもぐらくんが、なんともとてもかわいくて…。

おおきなおおきなおいも　赤羽末吉作・絵

（福音館書店）

楽しみにしていたいもほり遠足が、雨で延期。園児たちががっかりしていると、おいもは、ひとつ寝るごとに大きくなることを教えてくれた先生。

そこでどんどん紙をつぎたしながら、おおきなおおきなおいもを描いたみんな。おいもの船や恐竜であそび、料理して食べて、満腹に。そしておならロケットで帰宅。

14ページにわたって描かれているおいもに目を丸くして見いる子どもたちは、空想あそびがだいすきになりました。

おいもだけが彩色され、戯画化された園児たち。絵の技法がおもしろい、楽しい絵本です。

お月さまってどんなあじ？　グレイニク絵・文／いずみちほこ訳

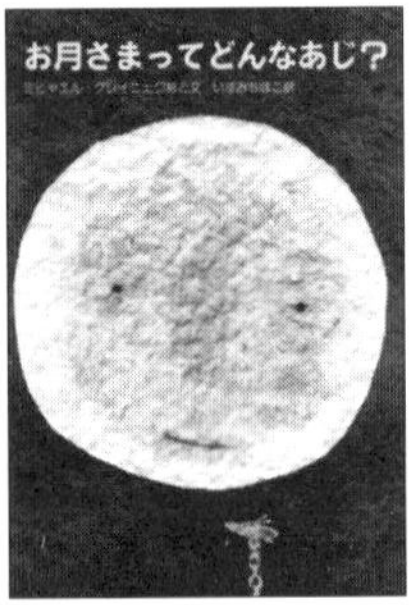

（セーラー出版）

動物たちは夜、お月さまを見ながら、いつも「お月さまってどんな味なんだろう」と思っていました。ある日、カメが決心をして高い山に登ります。いろいろな動物が次つぎに背中に乗るのですが届きません。最後にネズミが登って、ついにパクリッ！　登場してくる動物がどんどん重なっていくおもしろさ、もう少しで届きそうなことへの期待感が、子どもたちをワクワクさせます。

使われている用紙の質が、あたたかみを感じさせてくれます。色調が落ち着いていて、動物たちの表情がやさしく、みんながいっしよに眠るシーンでは心があたたまります。

ブックリスト――
この絵本、だいすき！
2、3、4歳で出会ってほしい《50冊》

あめたろう　今井弓子作・絵

（岩崎書店）

雨ばかり降り続いたある日、〈どしゃーん〉と空から落ちてきたのは、泥だらけのあめたろう。お尻のはねがこわれたと、大泣きのあめたろうを、女の子はママやパパのところにつれていきますが、〈きたない子〉といわれてしまいます。するとママとパパにカビが生えてきて、びっくり！
でもやさしいおばあちゃんが洗ってくれると、はねはもとどおり。カーテンを虹色にして、空のお母さんのところへ帰っていったあめたろう。

独特の味わい深い絵に引き込まれた子どもたちは、またあめたろうに会いたくなってしまいます。

うずらちゃんのかくれんぼ　きもともも こ作

（福音館書店）

うずらちゃんとひよこちゃんが、かくれんぼをして、かわりばんこで探しあいます。

じゃんけんと「もう、いいかい？」「もう、いいよー」のやり取りができるようになって、物の形や、色の違いが分かるようになった、2歳半から3歳児がとても喜ぶ本です。

保育園では、2、3人でこの絵本を取りかこみ、「いたいた、ここだ」と探しあったり…。

2歳児クラスではこの絵本がきっかけになって、かくれんぼが大流行しました。

もこもこもこ　たにかわしゅんたろう作／もとながさだまさ絵

（文研出版）

「もこもこもこ」という変わった題名、大きな口をあけた不思議な生き物（？）の表紙に、大人は理解に苦しみます。ページを開いてみればみるほど、なにがなんだかわからない世界に引きずりこまれてしまうようなのですが、赤ちゃんや幼い子どもたちは違います。子どもたちのイメージのひろがりは無限大なのかもしれません。

擬態語、擬音語だけで進む絵本に、1歳ころからしっかり反応して、くり返しくり返し、楽しみます。

理屈ぬきで“もこもこ星人”とつきあうと、子どもたちの気持ちに近づけるかもしれません。

ゆめにこにこ　柳原良平作・絵

（こぐま社）

子どもが、ついなでたくなるほど、愛嬌たっぷりのまんまる顔が登場します。〈ぎゅうにゅう　ごく　ごく〉朝ご飯をすませた後は、どこにお出かけかな？

子どもが手をたたいて喜ぶ〈おひさま　さんさん〉の場面は、太陽が一面に大きく描かれています。〈ほし　きらきら〉で、子どもは両手を上げ、夜空いっぱいの星を表現します。擬音語、擬態語が、子どもの心に呼びかけるのでしょう。絵本に向かって懸命に話しかける子もいます。

画用紙を切り貼りしたような立体的な絵は、躍動感いっぱいです。同じ作者の『かおかおどんなかお』も必見。

りっぱなうんち　きたやまようこ作

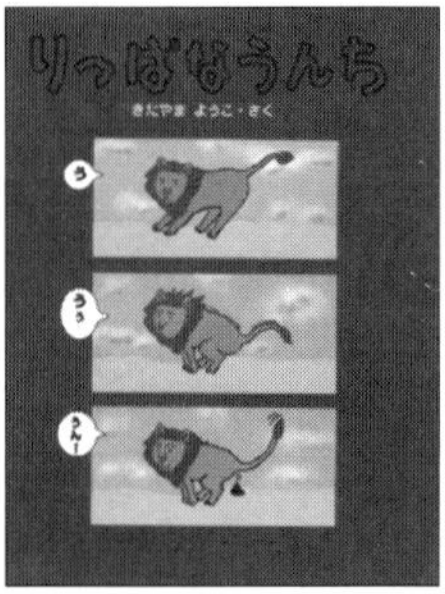

（あすなろ書房）

〈みみずのうんち　なにうんち？　みみずのうんちは　どろんこうんち。どろんこいっぱいたべたから。うんうん　りっぱな　うんちだね〉というように、いろいろな生き物が食べたものが“りっぱなうんち”になっていきます。リズミカルな言い回しや、〈ぱくぱく〉〈もぐもぐ〉〈ぽろぽろ〉などの擬態語に加え、みんな自分と同じという安心感からか、子どもたちがだいすきな絵本です。

何度も楽しむうちに、トイレから「りっぱなうんち、でたよー」と聞こえるようになりました。言葉に対応した、親しみやすい絵も子どもたちを引きつけます。

ぺろぺろぺろ　長新太作

（BL出版）

〈ぺろ　ぺろ　ぺろ　なめてるよ〉

猫が、犬が、自動車が、鳥が、ぞうが、たこが、山が。豚もくつもかいじゅうも、ぺろぺろ。

お母さんが赤ちゃんにぺろぺろぺろ。赤ちゃんがお母さんをぺろぺろぺろ、なめるのだいすきぺろぺろぺろ。

何でも口にして確かめる1歳児に読んでいると、ぺろぺろ、いつのまにかなめられています。

ぺろぺろぺろという心地よい擬態語のくり返しと、味わいのある動物たち、それに、うれしそうなお母さんと赤ちゃんがすてきです。

めのまどあけろ　谷川俊太郎文／長新太絵

（福音館書店）

〈めのまどあけろ　おひさままってるぞ〉ではじまって〈ふとんのうみにもぐったら　よるのさかながはねている　ねんねんころり　ねんころり〉まで、朝起きて、顔をあらい、あそび、おふろに入り、寝るまでの一日が描かれています。

作者の流れるような言葉のリズムを読んでいると、自然に抑揚がつき、光景が目にうかんできます。そして、独特のユーモラスな絵も楽しいです。

声を出して、うたうように読むと、美しいことばに心がおどります。

もうおきるかな？　まつのまさこ文／やぶうちまさゆき絵

（福音館書店）

表紙はうさぎの親子の寝ている姿。ページをめくると、ねこの寝ている姿。〈ねこ　ねこ　よくねているね。もう　おきるかな？〉とページをめくると〈あー、おきた！〉と、ねこが起き出します。同じようにいぬ、りす、くま、ぞうと続き、その寝起きがリアルに描かれており、幼い子は食い入るように見ています。

くり返しの言葉の問いかけが、幼い子に絵本をめくる楽しみを教えてくれます。1歳すぐからこの絵本に出会った男の子は、「あー、おきた！」のページをめくるたびに、うれしそうにしていました。

ノンタンあそぼうよ シリーズ　おおともやすおみ・さちこ作・絵

（偕成社）

発売以来、長い間子どもたちの心をしっかりつかんでいる、子ねこのノンタンとお友だちが出てくる絵本です。

『ノンタンぶらんこのせて』では、ぶらんこをお友だちにゆずらないノンタン、『ノンタンおやすみなさい』では、遅くまでおきているノンタンなど、ちょっとこまったちゃんが、子どもたちに親近感を与えるのでしょう。

擬音語、擬態語がたくさん出てきて、くり返しで話が進むことも多く、それに歌がたくさんあります。そのためか、1歳くらいからでも、とても喜びます。

リズムに乗って語れる絵本です。

パパねてる　ソー作／やましたはるお訳

（ほるぷ出版）

「たまの休日には、寝かせてくれよう」そんなパパの声が、今にも聞こえてくるような表紙の絵。1歳の子も「パパ、パパ」と指差し喜びます。

家でリラックスしているパパ。そのパパのしぐさは、子どもの視点から、ダイナミックに描かれています。

そばでじっと見ているのは、小さなぼく。この本がすきな2歳の男の子も、主人公のぼくの気持ちになったのでしょう。「パパ　おこってる」「パパ　わらってる」と新たな言葉も生まれてきます。この絵本との出会いでパパをもっともっと好きになるでしょう。

ふしぎなたまご　ブルーナ文・絵／石井桃子訳

（福音館書店）

子どもたちの好きなたまごのおはなしです。〈みどりののはらにゆきのような　まっしろいたまごがおちていました。いったいだれのたまごでしょう〉。めんどりが、おんどりが、ちいさいねこが、〈これはわたしのうんだたまごよ〉〈ミシリ！〉中にいたのはかわいいあひるの子でした。

期待をうらぎらずに、かわいいあひるが出てくる場面ではどの子も大喜びです。ブルーナの、太陽の赤、目のさめる緑、はれやかな黄、清らかな青。はじめて絵本を見た赤ちゃんが関心を寄せる色づかいは、子どもたちの色彩感覚の成長を助けてくれることでしょう。

にんじんさんがあかいわけ　松谷みよ子文／ひらやまえいぞう絵

（童心社）

赤ちゃんは、食べ物にたいへん興味を示します。にんじん、だいこんやごぼうなどの身近な野菜がおふろに入ることで、すぐに、野菜と友だちになってしまいます。

〈語る〉という行為で伝えられた昔話だけに、ゆっくりと語りかけるように読んであげたいです。

野菜を食べるときや、お風呂に入ったときに、にんじんさん、だいこんさんやごぼうさんの話をはじめるようになったりします。

やさしく、かわいらしい絵が、語りかけるような言葉を引き立てています。

ねないこだれだ　せなけいこ作・絵

（福音館書店）

〈とけいがなります　ボンボン…　こんなじかんにおきてるのはだれだ？〉と、低い声。子どもたちはキャー、ふくろう、みみずく、黒猫、ねずみ、それともどろぼう。〈いえいえよなかはおばけのじかん〉。こわいけれど見てみたい、おばけの登場です。

本棚からこの本をみつけた1歳の男の子は、表紙と裏表紙のルルちゃんが、おばけにつれられて行く場面を確認し、読んでともってきます。星空を、手をつないでとんでいる大小のおばけのシルエットは、ちゃめっ気があり、怖さのむこう側の何かを見たい不思議さを感じさせます。

のせてのせて　松谷みよ子文／東光寺啓絵

（童心社）

主人公のまこちゃんが、ひとりで自動車に乗っておでかけです。するとうさぎが「ストップ　のせてのせて」と手をあげます。同じように、くまを2匹、ねずみを11匹のせて、自動車はトンネルをくぐりぬけます。

2歳くらいの子ども（特に男の子）は、すぐにまこちゃんになりきります。絵本の中の言葉が日常に飛び出して、ミニカーを動かしながら、おもちゃの自動車に乗って、「○○もいっしょ、ぶーん」と言い出しました。

語りかけるような言葉と、ほのぼのとした絵がマッチしていることも魅力です。

てんてんてん　わかやましずこ作

（福音館書店）

〈てんてんてん〉の音とともに登場するのは、てんとう虫。〈ぐるぐるぐる〉では、かたつむりが出てきます。重ねた音の楽しさ、同じパターンで登場してくる小さな生き物たち、そんなくり返しを、1歳前の赤ちゃんが喜びます。

リクエストに答えて何度も読むうちに、「ぐりゅ　ぐりゅぐりゅ」とおしゃべりを始めたり、〈ぐる　ぐる　ぐる〉で本を回したり、〈ひら　ひら　ひら〉で本をゆすると、声を上げて喜びました。

はっきりとした色づかいと大胆なタッチも、この絵本の魅力でしょう。

どうすればいいのかな？　わたなべしげお文／おおともやすお絵

（福音館書店）

ちょっとおとぼけのくまさんが、シャツをはいてみたりパンツを着てみたり、試行錯誤をしながらがんばります。

〈そうそう、しゃつは　きるもの〉と上手に着られてほっとひと息、〈そうそう、ぱんつは　はくもの〉とほっとひと息。2歳くらいの子どもは自分のことのように見つめています。くり返して何度か読むうちに、「このくまさん、おかしいね」と笑い出しました。

くまさんの表情が豊かで、様子が伝わってきます。ちゃんとシャツとパンツとぼうしとくつをはけたくまさんの行き先は？　裏表紙の絵が語ってくれています。

どうぶつ　ワイルドスミス文・絵／わたなべしげお訳

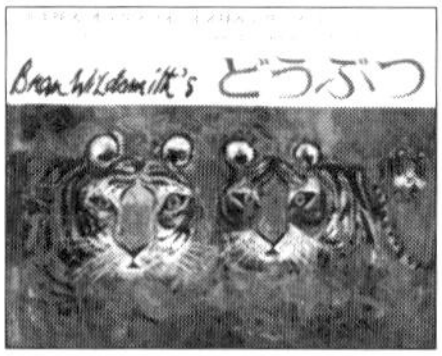

（らくだ出版）

表紙の絵から、2頭のトラが茂みから顔をだします。一つひとつのページが1枚の絵画のように目に飛び込みます。

それぞれの動物たちが、その状況を示すように表情豊かでとりまく環境も名脇役になっています。

1、2歳の子どもがはじめてみる動物が多いのですが、鮮やかな色に魅せられてページを開きます。なぜか〈こそこそきつね〉をとても喜びます。

同じシリーズの『さかな』も、小さい子の目を引きます。

この本との出会いが目と耳から記憶され、動物や魚たちへの親近感が生まれるのかもしれません。

タンタンのぼうし　いわむらかずお作

（偕成社）

おさるのタンタンの大好きなぼうしは、とてもゆかいなぼうしです。ヒョイと投げると〈ほーらね〉、犬のしっぽに。ヒュツと投げると〈ほーらね〉、バッタが。高く投げると〈ほーらね〉、小鳥が。

もっと高く投げて、夜になっても落ちてこない。やっと落ちてきたぼうしには、なんとお星様が！

タンタンのぼうし、すてきでしょ。

タンタンの表情いっぱいの絵を見ているだけで、いたずら心たっぷりの、ゆかいな楽しさが、子どもたちに伝わります。

でてこいでてこい　はやしあきこ作

（福音館書店）

〈だれか　かくれてるよ／でてこい　でてこい〉とくり返す言葉に、期待感をいっぱい抱く子どもたちの瞳は輝きます。大きな葉っぱの形から、元気よく飛び出したのはかえる。長四角から抜け出したのはへび。両手を合わせ、「にょろ　にょろ」とへびの動きを楽しむ子もいます。

青の丸い形からは、何を想像したのかな。待ちきれずに、絵本をドンドンとたたきながら「でてこい」と呼ぶ1歳児。

明快な動物たちの絵と、白地にくっきりと映える鮮明な色づかいが、子どもの心をとらえます。広く親しまれている『こどものとも012』の1冊です。

でんしゃにのって　とよたかずひこ著

（アリス館）

うららちゃんが、ひとりで電車にのっておでかけです。

〈つぎは　わにだー　わにだー〉というあとに、〈おじゃましますよ〉とわにが乗ってきます。次つぎに動物たちが予告通りに乗ってきて、うららちゃんが降りる駅でハプニングが…。〈ガタゴトー、ガタゴトー〉という擬音語とともに感じられる電車のゆれと、期待通りの動物たちの登場が、子どもたちを夢中にさせます。

パステルカラーを使った鮮やかな配色が、赤ちゃんも引きつけます。『ボートにのって』『さんりんしゃにのって』も、うららちゃんのシリーズです。

だからこぶたちゃん　きたやまようこ作・絵

（偕成社）

オムツ姿のこぶたちゃんを指差し「ぶたのあかちゃん」と、うれしそうな2歳の女の子。

さて、これからこぶたちゃんの変身が始まります。帽子をかぶったり、子犬と遊んでみたり、泥んこになったり。いろいろなかっこうを試みますが、こぶたちゃんのまま。〈おおきく　なるまで/こぶたちゃん〉の一言にほっとします。

「こぶたちゃん」の言葉がくり返されるたびに、大人にほほえみかける0、1歳児。擬人化された表情豊かなこぶたちゃんに、ちびっこファンも増えそう。

『こぶたの赤ちゃん』シリーズは、全6巻です。

たまごのあかちゃん　かんざわとしこ文／やぎゅうげんいちろう絵

（福音館書店）

〈たまごのなかで　かくれんぼしている　あかちゃんはだあれ？　でておいでよ〉、丸い卵が3つ並んでいます。

ページをめくると、鳴き声とともに〈こんにちは〉と、にわとり、かめ、へび、ぺんぎんの赤ちゃん、最後に見開きいっぱいの大きい卵から、恐竜の赤ちゃんが出てきます。

ページをめくると、次は何がでてくるかなーの期待で、にっこりとうなずく子、何かをちゃんとおぼえていて「かめさん！」と叫ぶ1歳の子どもたちです。

作者と画家の息のあった、ユーモアいっぱいの絵もすてきです。乳児から幼児まで楽しめる1冊です。

だれかしら　多田ヒロシ作

（文化出版局）

男の子の誕生日、いろいろな動物たちがお祝いにやってきます。それぞれのドアのたたき方の音が違って、ドアの小さな窓に来た動物がヒントのように見えてきます。ねずみさんだけは、窓から見えずに考えさせられます。

1〜2歳の子どもたちは、ちょっと見えたヒントをもとに答えを言い当て、何度も何度も「○○さんね！」と確認するように読み手に同意を求めます。見えなくて、何が来たのかわからなかったねずみさんも2回目からは、「ねずみさん、ね！」と言い出して喜びます。

同じシリーズに、『なにかしら』もあります。

コロちゃんはどこ？　ヒル作

（評論社）

ごはんの時間なのに、コロちゃんがいません。ママが家じゅうをさがしまわります。いろんな場所にいろんな動物がかくれていて、なかなかコロちゃんはみつかりません。

1歳半ころにこの本に出会った男の子、めくる楽しみにくり返し、くり返し読み、しかけはぼろぼろになってしまいました。最初は、自分でめくって見えることを喜んでいますが、少したつと、かくれていた動物の一言をまねしだしたりします。何度読んでも、コロちゃんがみつかると、「いた！」と言いました。

『コロちゃんシリーズ』は、ほかに12冊出ています。

しろくまちゃんのほっとけーき　わかやまけん作

（こぐま社）

本物そっくりのホットケーキの焼ける絵、〈ぽたあん、どろどろ、ぴちぴち、ぷつぷつ〉という焼けていく音で、絵本の中からなんともあまーい香りがしてきそうです。

2歳くらいの子どもは、本の中のホットケーキを「おいちいね」とたべるまねをしたり、本当になめてしまったりしてしまいます。しろくまちゃんがお母さんと作り、お友だちのこぐまちゃんと食べるところでも、お友だちといっしょが楽しいことがわかりはじめる時期だけに、うれしそうに見つめていました。

ぞうくんのさんぽ　なかのひろたか作・絵／なかのまさたかレタリング

（福音館書店）

〈きょうはいいてんき　ぞうくんはごきげん〉〈どれどれさんぽにでかけよう〉カバくん、ワニくん、小さいカメくんと出会い、〈いっしょに　いこう〉〈せなかにのせてくれるならいいよ〉〈いいとも　いいとも〉。

次つぎと、ぞうくんの背中にのっての散歩。力持ちのぞうくんもひっくり返ってみんな池の中、それでもみんなごきげんです。

子どもたちのだいすきなぞうさんの背中に乗ったり、鼻のシャワーを浴びたりする場面ではたくさんのうれしい声。デザイン化された画面とやさしい色調もステキです。

くんくんとかじ　ブルーナ文・絵／まつおかきょうこ訳

（福音館書店）

子犬のくんくんの鼻は、どんな匂いもかぎつけます。くんくんくん、匂いのする方へと、鼻が道案内。

すると、そこにはかわいい黄色の家から、黒い煙がもうもうと出ているではありませんか。涙をため悩むくんくんですが、消防署へ知らせ、火事は無事におさまりました。

くんくんは、ごほうびに…。

単純明快な線と鮮明な色で表現され、はじめて絵本と出会う子どもにも、親しまれる1冊です。

このシリーズの第1集、5集では、人気のうさこちゃんが登場しています。

ごあいさつあそび　きむらゆういち作

（偕成社）

ゆうちゃんの家にひよこのピイちゃん、猫のミケちゃん、犬のコロちゃん、みんなのだいすきな動物たちが次つぎにやってきて〈こんにちは〉とごあいさつ。

ママからおやつをもらって〈いただきます〉とごあいさつ。ページを〈こんにちは〉と開くと、にこにこと頭を下げる赤ちゃん組の子どもたちです。

画面いっぱいのダイナミックな絵が、子どもたちに人気です。

何でもまねっこしたい、ごあいさつを覚えはじめた1歳児がだいすきな、あそび絵本です。

こちょこちょこちょ　うちだりんたろう文／ながのひでこ絵

（童心社）

〈こんにちは　さっちゃんです〉こちょこちょこちよ、さっちゃんはこちょこちょします。

こわい顔をしたカエル、ライオン、ゴリラ、オバケ。

ビルまで次から登場し、さっちゃんのこちょこちょこちょでとてもいい笑顔になります。〈チックンするぞー〉と針を出して怒っていた山あらしも、こちょこちょしてほしくなって、針をねかせてやってきました。

愛情たっぷりの絵を見ていると、自然にこちょこちょしたくなります。ふれあいあそびがだいすきな赤ちゃんに、こちょこちょしながら読んであげると喜びます。

きんぎょがにげた　五味太郎作

（福音館書店）

金魚が金魚鉢から逃げ出し、家の中を泳ぎまわり、植木鉢のお花になったり、キャンディになったり…。子どもたちは、金魚がどこにいるのかを指で押さえながら、見つけて大喜びします。

生後10か月でこの本に出会った男の子は、はじめて読んだときに全部の金魚を見つけて、得意顔でした。鮮やかなピンク色の金魚は、まだ歩きはじめていない赤ちゃんにも目につき、興味を引くようです。「もう逃げないよ」と宣言する金魚と、いっしょに笑っている金魚がいることも見逃さず、子どもが教えてくれました。

くだもの　平山和子作

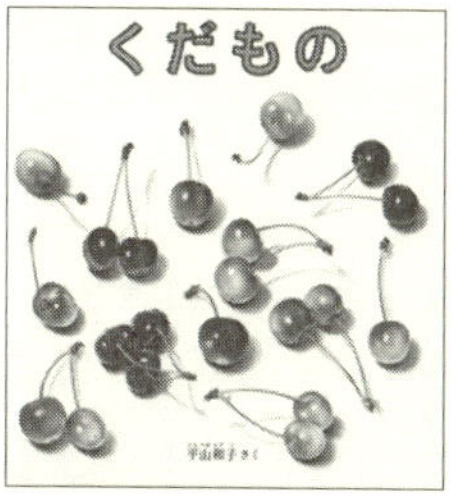

（福音館書店）

最初に出てくるのは、まんまるで大きなすいか、すると真っ赤な色に黒い種を切ったすいかが。〈さあ、どうぞ〉とすすめられます。もも、ぶどう、なし…おもわず手を出してしまうくらい、本物そっくりのくだものが次つぎと出てきます。

この絵本を開いての食べるまねごっこは、えんえんと続きます。もぐもぐと食べるまねをいっしょになってやり、「おいしいね」と次のページへ進みます。もちろん、表紙のさくらんぼも忘れずに食べ、種を出すまねまで始めました。絵本の中でのおいしい体験です。

くろねこかあさん　東君平作

（福音館書店）

くろねこかあさんの体の中から、ジグソーパズルのひとこまのように抜け出たくろねこ3匹。その抜け出た跡は、しろねこが3匹。6匹はいつも同じ形。子ねこたちはお乳を飲み、やさしいおかあさんに甘えます。

影絵のように映る白黒の絵を、子どもはじっと見つめます。「めめ、ないね」と、しろねこの顔をけげんそうに見ていた子は、最後のページで「あった」と安心顔。

池にねこが落ちる場面に見いる子は、水しぶきを指差して、「ないている」と心配顔になります。子どもたちのおもしろい発想を引き出す、魅力たっぷりの絵本です。

きいろのほん　五味太郎作

（文化出版局）

まわりにはさまざまな色があふれている。その中から選んだ黄色。〈きいろ　は　ばなないろ〉、ちっちゃなバナナをたくさん抱えているのは大きなゴリラ。〈きいろ　は　ちゅういいろ〉、信号が今にも赤に変わりそう。

黄色の魅力を独特な絵の構成と、ユーモアたっぷりの描き方で表現しています。黄色い部分を指差しながら、色に関心を持つ子どもたち。2歳以上の子は、身のまわりから黄色いものを探し出します。

“いろのいろいろ絵本”には、しろ、あかなど6色があり、それぞれの色の世界を楽しめます。

ぎーこんぎーこん　とよたかずひこ著

（岩崎書店）

子ぐまがパパとうれしそうに公園へ行き、いっしょに箱ぶらんこに乗ります。〈あのね　あのね…〉とだいすきなパパと、たくさん話をしたいくまくん。

ところが〈ぎーこん　こっくり〉とくまくんは居眠り。1、2歳の子は「あ、ねんね」とくまくんのまねをします。

子ぐまを優しく抱くパパ。その光景を暖かく照らすお日様。黄色の光線が、明るい雰囲気をかもしだしています。

時にはお父さんも子どもを膝の上に乗せて、「ぎーこん、ぎーこん」とぶらんこあそびを楽しんでみては…。

『しろくまパパとあそぼうシリーズ』の3冊目。

きゅっきゅっきゅっ　林明子作

（福音館書店）

1歳すぎの赤ちゃんの身近な関心事がこの絵本には出てきます。小さい動物たちといっしょにスープを食べる赤ちゃんが、動物たちがこぼしたスープを〈きゅっ　きゅっ　きゅっ〉とふいてあげます。そんな赤ちゃんも口のまわりがスープだらけ、お母さんが〈きゅっ　きゅっ　きゅっ〉とふいてくれます。タオルをもって本と同じようにふいてあげると、1歳半の男の子は声をだして喜びます。

同じ作者に『くつくつあるけ』『おててがでたよ』『おつきさまこんばんは』もあり、思わず抱きしめたくなるような、赤ちゃんの絵がたくさん描かれています。

おはよう　なかがわりえこ作／やまわきゆりこ絵

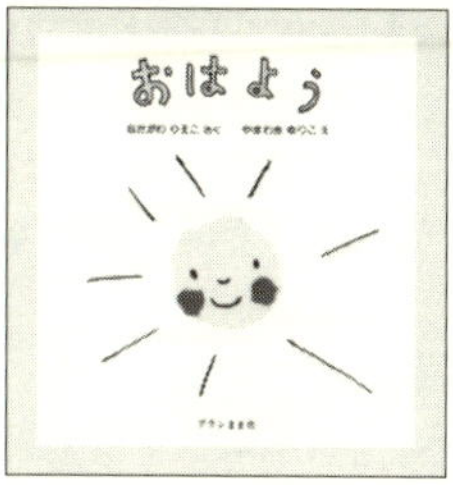

（グランまま社）

おひさまが半分目をあけ、あくびをして、はをみがき、顔を洗います。そして、〈おはよう　おはよう〉と動物たちのいる空に顔を出します。雲のふとんで寝ているおひさま、黄色いパジャマのおひさま、くしを持つおひさまがなんともかわいらしく描かれています。

自分と同じことをしているおひさまが気に入ったのか、2歳の男の子が何度も何度も読んでと持ってきました。

同じ作者の『おやすみ』は、このおひさまが沈むところからはじまって、双子の子犬が寝るまでの様子が描かれています。

おんなじおんなじ　多田ヒロシ作

（こぐま社）

服も帽子もズボンもくつも、そっくり同じで見分けがつかないふたりの男の子がいます。子ぶたのぶう、子うさぎのぴょん。よく見ると帽子からはみ出した耳と、鼻の形、それにズボンのうしろからちょっぴり見えるしっぽが違いました。こんどは違うもので相手をおどろかそうと、頭にカエルをのせ帽子でかくしたり、あげくのはてに衝突して作ったこぶも、おんなじおんなじ。〈ぶうのくつ、ぴょんのくつ、おんなじおんなじ〉、はずむようなリズミカルなことば、あたたかいユーモアのある絵。友だちと同じものがすきな、子どもの心の動きをとらえた絵本です。

がちゃがちゃどんどん　元永定正作

（福音館書店）

「がちゃがちゃ、よんで」と子どもたちのわくわくした声。

心がはずむ音の世界を子どもたちとともに楽しむうちに、からだも自然に動き出す。

〈かーん　かーん〉〈ぐにゃ　ぐにゃ〉と同じ音を重ねた擬音語や擬態語。〈ごー〉〈ぶわぁ〉と迫力満点の音。〈とぽん　ぴちゃ　ぱちん〉と次つぎにページから飛び出す、やんちゃな音たち。

さて、最後に登場する音は？　子どもの興味をつかんだめりはりのある言葉と、生き生きとした絵がうまく結びつき、子どもの想像力をかきたてます。

おっぱい　みやにしたつや作・絵

（すずき出版）

2歳の女の子がはじめて気に入った絵本が、『おっぱい』。なかでも、大胆に描かれたおかあさんのおっぱいは、ほおずりをするほどに喜んで見ます。ゴリラ、ぶた…それぞれの動物たちのおっぱいに焦点をあてたページでは、親子で言葉のやりとりも楽しめます。

〈たくさん　のんで/おおきくなあれ〉

母親の愛情がつまった「おっぱい」。くり返される言葉をまねる子や、両手をふるわせ、喜びを表現する子もいます。おっぱいに吸いつく赤ちゃんの絵からは、母親をしたう気持ちが、ひしひしと伝わってきます。

おつむてんてん　なかえよしを作／上野紀子絵

（金の星社）

〈さっちゃんが/おつむ/てん　てん〉〈おくちは/あ　わわ〉誰からも親しまれてきた身振り。はじめて絵本に出会う子も、まねることがだいすきです。

子どもの表情に合わせ、ゆっくりと読みきかせながら、いっしょに身体の触れ合いを楽しんでみては…。

淡い色の黄、ピンクで彩られた背景にはお母さんのぬくもりを感じるようなやさしさがあります。0、1歳の子がほほえみかける動物たちの愉快なしぐさもお見逃しなく。

“あかちゃんとおかあさんの絵本”では、『おきゃくさんだーれ』『おくちはどーこ』も喜ばれています。

おばけがぞろぞろ　ささきまき作

（福音館書店）

容姿も名前もちょっとへんで、とっても個性的なおばけたちが〈あそびましょ〉と誘います。それぞれが登場するときの〈びろ～～～～ん〉、〈にゅーう〉などの音、〈いえい！〉という受け答えなど、ちょっと不思議な世界に、2歳くらいの子どもがやみつきになり、くり返しくり返し読みたがります。

登場する時のおばけのまねをしたり、窓にうつる登場したおばけの影で、おばけの名前を言い当てたりして楽しんでいました。個性的な名前もすぐ覚えてしまう子どもたちに驚きました。

うたえほん　つちだよしはる絵

（グランまま社）

なじみ深い童謡の歌詞と楽譜が、あたたかい挿絵とともにまとめられています。音楽にいやしの効果があるように、赤ちゃんにとっての母の声は、精神安定剤です。上手下手に関係なく、愛情こめて歌ってあげたいものです。

この絵本は、うまれたばかりの赤ちゃんだけでなく、お腹にいるときの赤ちゃんにもおすすめです。

お母さんのやさしい歌声を敏感にキャッチする力が、赤ちゃんには備わっているようです。ゆったりとした気持ちとたっぷりの愛情が、赤ちゃんに安らぎを与えてくれるのでしょう。『うたえほんⅡ』もあります。

おおきなかぶ　ロシア民話／トルストイ再話／内田莉莎子訳／佐藤忠良画

（福音館書店）

おじいさんがかぶの種をまきました。〈あまい　あまいかぶになれ。おおきな　おおきな　かぶになれ〉。やがてあまい、大きなかぶができました。〈うんとこしょ　どっこいしょ〉。かぶはぬけません。おじいさんはおばあさんを呼びました。それでもかぶはぬけません。孫が、犬が、猫が、ねずみが、とうとうかぶがぬけました。「うんとこしょどっこいしょ」の心地よいリズムのくり返し。

子どもたちと何度「大きなかぶごっこ」を楽しんだことでしょう。単純なストーリーですが、子どもたちが十分楽しめる絵本です。芸術的な絵もみごとです。

おたんじょうび　まついのりこ作

（偕成社）

トラックやスポーツカーが、子どものすきなクッキー、ヨーグルト、いちご、アメたちを運びます。

最終ページはあまーい食べ物が勢ぞろい。ケーキには、ろうそくの火がともされ〈おたんじょうび　おめでとう〉。

この本がお気に入りの子は、1本のろうそくを見て「1さいだ」と、お祝いの拍手。ひとことでしか語らないこの本の絵をよく見ています。背景の色づかいが明るく、楽しげに走る車たちに「ブッブー」と音をつける子もいます。

小さな手で、しっかり持てる絵本のサイズも魅力的。赤ちゃん絵本『おはよう』『あめふり』の中の1冊です。

あーんあん　せなけいこ作・絵

（福音館書店）

〈ほいくえんにいくのはいいけれど　かあさんがかえっちゃいやだよ〉と次つぎに泣きだす子どもたち。涙がたまって、どんどんふえて、胸まで涙の池につかった子どもたちは、とうとう魚になってしまいました。

前のページのイメージを着実に残しながら変わっていく絵と、現実からファンタジーに移行する展開のリズムがすばらしい。子どもたちの服の模様が魚に変わる場面は、どの子もお気に入りで、指でさしています。最後のかあさんの網にすくわれた男の子の顔もいいですね。母との別れに毎日泣いていたわが息子は、この本がだいすきでした。

いちにのさんぽ　ひろかわさえこ著

（アリス館）

大きく手を振り、元気に歩き出した女の子。

〈いっしょに　おさんぽ/しましょうか〉、女の子は丁寧に挨拶を交わしながら、愉快な仲間を増やしていきます。

絵本に合わせ「いちに　いちに」と歩くように、からだをゆする0歳児。「こんにちは」と頭をちょこんと下げる1歳児。「いっしょにおつかいしませんか」と言葉を作り出す2歳児。子どもたちが絵本の主人公です。

見るたびにいろいろな発見がある魅力たっぷりの絵。かわいい動物と出会える散歩道には、胸が踊ります。

同作者の『おふろにおいで』もおすすめの絵本です。

いないいないばあ　松谷みよ子文／瀬川康男絵

（童心社）

だいすきな人の顔が、見え隠れする「いないいないばあ」。そのやりとりは、赤ちゃんの時期から喜ばれるあそびのひとつです。

「にゃあにゃ」「くまちゃん」「こんこんぎつね」など、親しみやすい動物が両手で顔をおおうと、同じ身振りを子どもはくり返し楽しみます。はやる気持ちで次のページをめくると、そこには〈ばあ〉と、表情豊かな動物たちの笑顔。子どもたちは全身を使い、この絵本の世界に入り込みます。

絵からは、ページごとにいろいろなぬいぐるみが、そばに来てくれるようなぬくもりを感じます。

あそうか！　ゴーフィン作／工藤直子訳

（ほるぷ出版）

ポケットに手を入れ、歩く男の子。突然、大きな卵に出会います。いったい誰の卵？　動物たちにたずねていく男の子の言葉は、さまざまに想像しながら楽しめます。

〈いいえ…〉〈うんにゃ…〉〈え？〉動物たちのユニークな答え方に1、2歳の子どもたちは喜びの声を連発します。

結局、卵の持ち主がわからず、困った表情の男の子。そこへカラスが現れ、卵の殻を持ち上げます。すると中は…。

子どもの目をくぎづけにする最終ページは、巨大化した動物が勢ぞろいで、つぶらな瞳が男の子に集まります。パステル画風の色彩に、1歳前の子も絵に引き込まれます。

あなたはだあれ　松谷みよ子文／瀬川康男絵

（童心社）

“あかちゃんの本”として、長く親しまれてきた絵本。はじめに浮かび上がったシルエット。

〈だれでしょう/ワン　ワン　ワン〉

子どもたちは犬の姿を確かめようと、次のページへ急ぎます。絵本の中にいる犬をつかもうとするのは0歳の子。

〈どんどんばし　わたって/こっちへ　おいで〉

絵本に向かって手まねきするのは1、2歳の子。子ひつじやかえる、自動車が現れるたびに、リズミカルではずむような言葉のやりとりを喜びます。独特な背景の色づかいは、登場するものを引き立てます。

あめこんこん　松谷みよ子文／武田美穂絵

（講談社）

モモちゃんがいいものを買ってもらいました。まっ赤なかさに、まっ赤な長靴。モモちゃんは庭で雨ふりごっこを始めます。がまがえるに、かたつむりも仲間に入れて…。

雨ふりごっこの歌を歌って歩いているうち、本当の雨がふってきました。〈あめこんこんふってるもん　うそっこだけどふってるもん、あめふりごっこするもんよっといで〉の歌は、はずむようなリズム。1歳児クラスの子どもたちのお気に入りです。つまらない雨ふりの日が何だか楽しくなります。絵も新しくなった『ちいさいモモちゃんシリーズ』の中の1冊です。

ブックリスト——
この絵本、だいすき！
0、1、2歳で出会ってほしい《50冊》

あかちゃんのほん2　まついのりこ作

（偕成社）

『ばいばい』『じゃあじゃあびりびり』『みんなでね』の3冊セットで、手のひらサイズの絵本です。

『ばいばい』は、動物たちが次つぎに出てきて、〈こんにちは〉とあいさつをして、〈ばいばい〉と笑顔で別れます。あいさつのくり返しとかわいい動物たちの登場に、絵本に向かっておじぎをしたり、手を振ったりと、体を使って表現してくれます。あいさつの言葉は日常よく耳にし、赤ちゃんにとってすんなり入るのでしょう。

『じゃあじゃあびりびり』も1歳くらいの子どもがだいすきな、擬音語や動物の鳴き声のくり返しです。

あがりめさがりめ　ましませつこ絵

（こぐま社）

「あがりめさがりめ」「いっぽんばしこちょこちょ」など、15種類のわらべうたや手あそびが紹介されています。

小さい子どもほど身体をふれあって、声を出しあい、くすぐりっこをしたり、追いかけっこをしたり、五感を総動員して楽しむあそびが大好きです。

そんなあそびにつながるわらべうたは、むかしから、母から子へ伝えられてきました。言葉のリズムにのった動きのある絵にも引きこまれます。しぐさや説明も入っており、楽しい雰囲気や意味が伝わってきます。

身体をふれあいながら楽しんでほしい絵本です。

⚜このブックリスト作成にあたって

このブックリストは、毎日子どもたちに接している「この本だいすきの会」の絵本研究部に集う会員有志が、子どもが喜ぶ本、おもしろいと思う本、子どもに出会わせたい本を、日々の生活の中から作り出したものです。ですから子どもに読んであげたい、読ませたい、読んでもらいたい絵本のリストです。

リストは０～２歳、２～４歳、４～６歳、６～８歳の四段階に分けていますが、あえて年齢をダブらせています。また幅広い年齢層の子どもたちに読まれている絵本もありますから、四段階の区分は、あくまでも一つの“目安”と考えてください。

リストに上げられた作品の中で、諸事情で品切れなどの本は図書館等で手にしてください。

※ブックリスト編集・執筆者一覧

氏　　名	執筆分担	所属など（2000年3月現在）
磯部　菊子	2～4歳	千葉県市川市南八幡こども館
大西　紀子	4～6歳	千葉県市川市立信篤幼稚園
小牧　幸恵	4～6歳	千葉県市川市立鬼高保育園
小松崎　進	民　話	この本だいすきの会・代表
櫻井　祐子	0～2歳	主婦〈東京都中野区在住〉
高橋　美代子	0～2歳	東京都葛飾区立木根川保育園
田代　美香絵	4～6歳	千葉県市川市立塩焼幼稚園
田辺　美代子		千葉県市川市立大洲幼稚園
鶴木　知恵子	6～8歳	埼玉県鶴ヶ島市立図書館富士見分室
中川　洋子	2～4歳	千葉県市川市立市川南保育園
長谷部　房子		主婦〈千葉県市川市在住〉
丸野　恵子	6～8歳	千葉県市川市立大町小学校
森川　みどり	0～2歳	千葉県市川市立塩焼第二保育園

Ⅲ ブックリスト——
この絵本、だいすき！

✣――あとがき

「絵本を読んであげたいけど、どんな本を選んだらいいか、よくわかりません」「わたしがいいと思った本でも、子どもが喜ばない時があるんです。そういうこと、けっこう多いんです」

こんな声をよく聞きます。

本選びは、やはり大事な問題です。絵本の場合、まず、絵が「絵本の絵」になっているかどうか、ページをくってみる必要があります（本書「はじめに」参照）。

それと、ごく幼い子どもの場合、動物やもの、あるいはひとが一見してそれとわかる絵であること。そのためにまわりに何かがごちゃごちゃと描かれていたり、背景が細かく描かれていたりして、対象がとらえにくくなっている絵は避けます。

次に、ことば表現の問題です。

幼い子どもの場合、はじめは擬音語（音を表すことば）、擬態語（様子を表すことば）がくり返し使われている作品を用意します。これらのことばは子どものこころを動かします。ことばをまねたり、体を動かして喜びを表し、やがてことばへの関心、興味を豊かにしていきます。

このようなことばとの出会いを重ねていきながら、いよいよ話の世界に入っていきます。

幼児の話は、その表現形式上、次の条件が整っているかどうかを考えてみます。

第一は、登場人物の動きが、はっきり目に見えるように書かれていること。そのためには、あたりの様子や心情を描写したり、説明したりしないで、人物の動きだけで語られていること。

第二は、その人物の行為、行動がくり返される、つまり「くり返し」によって、話が運ばれているということ。

第三は結末の問題で、たとえ途中困ったことが起ころうと、終わりは「ああ、よかった」と納得する話であること。

ここで気をつけたいことがあります。それは、これらの条件が満たされている話でも、まだ子どもが幼くて、ことばの発達が不十分であったり、体験（絵本体験を含む）の不足から、その話のおもしろさがよく伝わっていかない場合があります。何とか理解させようと無理をすることが、話ぎらい、本ぎらいの原因になることがあります。注意したいものです。

子どもは、条件の整った作品との数多い出会いによって、想像する楽しさを覚え、やがて目に見えない人物の心情をおしはかっては、その人物に対する評価の目を育てていきます。

さて、本書は「この本だいすきの会・絵本研究部」の成果ですが、種々の事情で執筆者が地域的に片寄ってしまいました。次回は、より多くの会員による実践の成果を！と思います。また、このような仕事は初めてという研究部員がほとんどで、行きつ戻りつの進み方でしたが、何とか形あるものにしていただけたのは、高文研のみなさんの励ましと支えによるものです。厚くお礼を申し上げます。

二〇〇〇年三月

小松崎　進

この本だいすきの会

1982年3月創立。子どもの本がすき、読みがたりをしている人、しようとしている人なら誰でも入会できる全国組織の会。3人以上で支部が作れ、199912月現在、76支部がある。夏と冬に全国集会を開き、月刊で「通信」を発行している。資料希望者は90円切手同封の上、下記事務局まで。
千葉県市川市市川1—26—15 花亀ビル3F　Tel・Fax 047-324-5033

小松崎進（こまつざき・すすむ）

1925年、茨城県生まれ。東京都で39年間、小学校教師を勤め、のちに東京学芸大学、日本女子大学講師。現在、この本だいすきの会代表、日本児童文学者協会会員、日本文学教育連盟常任委員。著書に『この本だいすき！』『よみきかせとおはなしの世界』ほか。千葉県市川市在住。

大西紀子（おおにし・のりこ）

1940年、秋田県生まれ。千葉県市川市の市立幼稚園で、園ぐるみ、家庭ぐるみ、地域ぐるみの親子絵本読書活動の普及に努める。この間、全国学校図書館協議会の絵本委員会委員として、絵本選定にたずさわる。現在、この本だいすきの会・事務局員および絵本研究部の世話人を担当。

この絵本、読んだら・子どもが喜ぶ絵本の読みがたり

•2000年5月5日————第1刷発行
•2003年3月3日————第3刷発行

企画・編集／この本だいすきの会
小松崎進　大西紀子
発 行 所／株式会社 高 文 研
東京都千代田区猿楽町2—1—8（〒101-0064）
☎03-3295-3415　振替口座／00160-6-18956
ホームページ　http://www.koubunken.co.jp

組版／パンオフィス
印刷・製本／株式会社シナノ

★乱丁・落丁本は送料当社負担でお取り替えいたします。

ISBN4-87498-236-0 C0037